AF290674

Mein Dorf.

Ein Herbst in Istanbul

von Mischa Karth

Bibliografische Information der Deutschen Nationalbibliothek
Die Deutsche Nationalbibliothek verzeichnet diese Publikation
in der Deutschen Nationalbibliografie; detaillierte bibliografische
Daten sind im Internet über www.dnb.de abrufbar.

Mein Dorf. Ein Herbst in Istanbul

Zweite, überarbeitete Auflage, Januar 2013

Herstellung und Verlag: BoD – Books on Demand, Norderstedt
ISBN: 9783848228539

Umschlagfoto, Covergestaltung & Satz: Mischa Simon Karth
gesetzt in Times New Roman, 10.2pt

Original erschienen im November 2011

Vorwort

Inzwischen ist mein persönliches Abenteuer Türkei kaum mehr als eine Erinnerung. Eine Erinnerung an eine aufregende Zeit. Gelegentlich denke ich an die Erlebnisse in Adapazarı und Istanbul zurück – weniger mit Wehmut als vielmehr mit Verwunderung über sieben Monate, die mir Vieles abverlangt und mich Manches gelehrt haben. Mit kaum mehr als einigen Klischees und ein paar Brocken Türkisch im Kopf bin ich in die Türkei gereist und habe die Dinge auf mich zukommen lassen. Mit einem Sprachkurs und einem einsemestrigen Studium im Blick standen lediglich die Eckpunkte meines Aufenthaltes fest. Unterkunft, Freundschaften und mein eigentliches Studium der Medienwissenschaft ließ ich in Deutschland zurück.

Ich möchte Sie mitnehmen, meine Zeit am anderen Ende Europas noch einmal zu durchleben. Von den ersten Berührungen mit der türkischen Kultur bis hin zu meinem Abschied mit gemischten Gefühlen. Von den Gehversuchen in der anatolischen Provinz und den Stehversuchen in der pulsierenden Metropole Istanbul.

Die vorliegende zweite Ausgabe ist gegenüber der Urfassung aus dem November 2011 an vielen Stellen überarbeitet worden.

Mischa Karth   Berlin, im Januar 2013

Prolog

Prolog

Gleißend hell erstrahlt die Sonne am Morgen des 4. August 2010 über den Rollbahnen des *Sabiha-Gökçen-Flughafens* in Istanbul – dabei ist es erst 6:30 Uhr. Ein rotes Digital-Thermometer im Terminal zeigt bereits 25° Celsius an.

Soeben ist Flug XQ 839 aus Berlin-Schönefeld gelandet. Müde schieben die Passagiere sich und ihr Gepäck durch die endlosen Korridore des glasigen Flughafens. Irgendwo prangt ein Schild mit der Auszeichnung *World's Best Airport*.

Letzter Stopp vor der Türkei sind unzählige kleine Schalter der Passkontrolle. Die meisten von ihnen sind an diesem Morgen verwaist. Nur eine Handvoll Polizisten tut Dienst. Mit schweren Augen kontrollieren die Beamten die Pässe der Reisenden. Geduldig warten die Passagiere des Fluges aus Schönefeld, unter ihnen gleichermaßen Großfamilien und Geschäftsleute.

Ich passiere die Passkontrolle mit meinem Studentenvisum problemlos, und ich begutachte den Stempel, den mir der Beamte in meinen Reisepass gegeben hat. Dann schweift mein Blick durch die Eingangshalle. Nirgends ist ein Informationsschalter auszumachen. Stattdessen spricht mich ein zwielichtiger Mann von der Seite an. Ich ignoriere ihn und beschließe, den langen Tag mit einem Frühstück zu beginnen.

Dabei hat der Tag für mich längst begonnen. In Berlin habe ich Tschüss gesagt: Meiner Familie, meinen Freunden, meiner Wohnung und Deutschland. Im Flieger habe ich dann noch die Kopfhörer meines mp3-Players verabschiedet, letztere allerdings unfreiwillig. Hoffentlich ist das kein schlechtes Omen für ein halbes Jahr Türkei, das vor mir liegt.

Ich blicke auf das Schafskäse-Tomaten-Sandwich, das ich mir bestellt habe. Ich trinke einen Schluck Ayran. Das salzige Jogurt-Getränk hält mich davon ab, darüber nachzudenken, was kommt. Ich bin müde.

Ich betrachte mein Gepäck: 30 Kilo Habseligkeiten. Nicht gerade viel für ein halbes Jahr, aber auch nicht gerade wenig, um es quer durch Istanbul zu befördern. Wikipedia sagt, Istanbul sei die drittgrößte Stadt der Welt. Ich seufze.

Dann beende ich mein Frühstück, greife mir meinen Koffer und verlasse das Flughafengebäude. Die Schiebetüren hinter mir schließen sich. In diesem Moment wird mir klar, worauf ich mich eingelassen habe. Ich bin in einem Land, dessen Sprache ich bis auf einige Worte nicht spreche, es ist frühmorgens und schwül-warm, und ich habe keine Ahnung, wie ich zu meinem Zielort Adapazarı gelangen soll. Eine ungefähre Ahnung, wo sich die Stadt ohne i-Punkt befinden soll, habe ich: östlich Istanbuls, ungefähr 200 Kilometer entfernt.

In der kleinen anatolischen Provinzstadt werde ich die kommenden vier Wochen an einem Intensiv-Sprachkurs teilnehmen, ehe in Istanbul Anfang September mein Semester beginnt. Mein einziger Trost in diesem Moment: Der Tag ist noch lang.

Unsicher laufe ich auf dem Vorplatz des Flughafens auf ein kleines Info-Häuschen zu. Zumindest sieht es wie ein solches aus. Vieles ist vage an diesem Morgen. Ich bin müde und hellwach zugleich. In dem kleinen Kabuff sitzen zwei ältere Herren, die damit beschäftigt sind, Listen auszufüllen. Als sie mich sehen, wenden sie ihre grauhaarigen Köpfe von den Listen ab und lächeln mich freundlich an. Unbeholfen beginne ich Englisch zu sprechen, aber die zwei verstehen mich nicht. Ich sage „Adapazarı", immer wieder, und schließlich einige türkische Wörter. Bei der dritten Wiederholung hat mich einer der

Männer verstanden. „A-da-pa-ZA-rı", korrigiert er mich und lächelt. Ich lächle nicht, mir ist nicht nach Lächeln zumute. Der andere Mann schreibt mir *Ekspres 10* und *Harem* auf einen Zettel. Er versucht mir die Wörter zu erklären. Mir wird nur klar, dass E10 die Linie sein muss und Harem die Haltestelle. Außerdem meine ich fünf Minuten Fahrzeit zu verstehen. In diesem Moment wünschte ich, ich hätte etwas mehr Türkisch gelernt, bevor ich mich auf den Weg nach Asien gemacht habe. Ich versuche zu fragen, wie ich zahlen kann, aber dann verstehe ich plötzlich gar nichts mehr. Einer der beiden verlässt das Häuschen und deutet auf einen parkenden Bus. Er läuft hinüber und öffnet die Tür. Es gibt nur eine Möglichkeit: Offensichtlich ist er der Fahrer. Ich gehe hinterher und steige in das leere Gefährt ein. Ich drücke ihm einen Lira-Schein in die Hand. Er gibt mir mein Wechselgeld zurück und drückt einen merkwürdigen Metallknopf auf einen Kontakt. Es piept. Er nickt mir zu. Ich gehe durch und setze mich.

Bereits jetzt bin ich am Schwitzen. Ich ziehe meine Winterjacke aus. Es hat seine Nachteile, wenn man im August Kleidung für Dezember mitnehmen muss. Im Bus sind mindestens 30 Grad, und ich bete, dass der Bus bald losfahren möge. Aber ununterbrochen steigen nun Fahrgäste zu. Dann verschwindet der Fahrer plötzlich. Erst nach einigen Minuten taucht er wieder auf.
Als der Bus schließlich eine halbe Stunde später losfährt, ist er prall gefüllt und ich bin nass geschwitzt. Doch Frust kann ich mir jetzt nicht leisten. Aufmerksam verfolge ich die Namen der Haltestellen, immer bereit innerhalb von Sekunden meinen Koffer zu greifen und aus dem Bus zu springen. Der E10 schiebt sich durch endlose Vororte Istanbuls, simple Wohnbebauung trifft auf provisorische Gewerbebetriebe.

Ich halte Ausschau nach der Haltestelle Harem. Doch nach fünf Minuten ist weit und breit nichts zu sehen von einer größeren Haltestelle, auch nicht nach zehn Minuten. Ich werde nervös. Die Passagierzahl hat sich mittlerweile verdoppelt, dabei hatte ich bereits am Flughafen das Gefühl, der Bus sei voll. Teilweise steigen die Fahrgäste mitten auf der Straße zu. Die unzähligen Haltestellen sind so klein, dass sie kaum als solche auszumachen sind. Manchmal steht nur ein einfaches Hinweisschild am Straßenrand.

Dann ist der Bus voll. Zumindest im Mittelgang stehen die Leute so dicht gedrängt, wie es geht. Vorne hat der Busfahrer Probleme, die Tür zu schließen. Das hält aber weitere Leute nicht davon ab, ganz hinten einzusteigen, wo noch ein paar Quadratzentimeter Luft zu sein scheinen. Sehen kann ich wenig, andere Menschen versperren mir den Weg. Was ich sehe, sind Plastikkarten und Metallknöpfe, die zur Entwertung nach vorne durchgereicht werden. Von Hand zu Hand wandern die Fahrscheine bis zum Fahrer, dann machen sie sich auf den Rückweg. Der Vorgang dauert ein paar Minuten, aber Bedenken, dass jemand die Karten einstecken könnte, hat offensichtlich niemand.

Nach einer halben Stunde bin ich mir sicher, dass ich etwas falsch verstanden haben muss, als von fünf Minuten die Rede war. Der E10 fährt nun auf einer riesigen Schnellstraße mit zig Spuren. Ganz rechts halten unzählige andere Busse, Menschen springen herein und heraus. Der Bus, in dem ich sitze, hält nun nicht mehr. Offensichtlich ist auch der Fahrer der Meinung, dass das Gefährt voll ist. Er rast an den Haltestellen einfach vorbei, überholt klapprige Minibusse und Transporter und wird selbst überholt. Spätestens jetzt ist mein Mut auf ein Minimum abgesunken. Ich blicke zu der älteren Frau, die neben mir sitzt. Etwas verschämt halte ich den Zettel, den mir der Mann im weißen Häuschen gegeben hat, so, dass sie einen Blick darauf werfen kann. Aber ich sage nichts. Und dann plötzlich: ein Schild: *Harem* – geradeaus! Ich bin also doch nicht völlig verkehrt! Mir fällt ein Stein vom Herzen.

Weiter schiebt sich die fahrende Sardinenbüchse durch die endlosen Viertel auf der asiatischen Seite Istanbuls. Wohnbezirke mit riesigen Hochhäusern und moderne Bürogebäude wechseln sich ab. Ich komme mir vor wie in einem großen Canyon. Immer wieder weisen Hinweisschilder auf Stadtteile hin, deren Namen ich mir beim besten Willen nicht merken kann. Das einzige, worauf ich mich jetzt konzentriere ist Harem. Mein Harem. Es muss ein bemerkenswerter Ort sein, solch ein prächtiger Name, wer denkt da nicht an all die Märchen aus 1001 Nacht. Ich folge dem weißen Pfeil, er ist längst mein weißes Kaninchen geworden.

Dann plötzlich: Aufregung. Der Bus hält an einer der Schnellstraßen und die Frau neben mir deutet aufgeregt nach draußen. Der Fahrer brüllt etwas von vorne, was sich in der Mauer der dutzenden Passagiere vor mir verliert. Ich sehe keinen Busbahnhof, aber offensichtlich haben andere Menschen für mich erkannt, dass ich mein Ziel erreicht habe. Sie blicken mich an. Ich springe auf, greife meinen Koffer und kämpfe mich zum Ausgang.

Dann stehe ich draußen. Der Busfahrer setzt den Wagen bereits wieder in Bewegung, bremst dann aber noch einmal und beugt sich heraus. Er deutet auf den Bus, der direkt hinter ihm steht. Statt zu überlegen, was genau er mir damit sagen will, springe ich hinein – so gut das geht mit 30 Kilo Gepäck. Der zweite Bus ist relativ leer und ziemlich alt. Ich greife in der Hektik nach einem 20-Lira-Schein, um zu bezahlen. Sofort erkenne ich meinen Fehler: Der Fahrer beginnt umgehend, nervös in seinem Wechselgeld zu kramen. Mir dämmert, dass ich besser mit Münzen bezahlt hätte. So sucht der Fahrer nun 18,50 Lira in Münzgeld zusammen. Hinter mir hat sich bereits eine Schlange gebildet, und die Leute gucken irritiert. Nach einer gefühlten Ewigkeit halte ich das Wechselgeld in Händen und kann den Gang mit dem sperrigen Koffer frei machen.

Ich beginne mich zu fragen, ob dieser Bus nun nach Harem fährt oder ob ich noch einmal umsteigen muss. Aber wie soll ich das jemals erfahren? Endgültig fühle ich mich ganz auf mich allein gestellt. Ratlos beginne ich in meinem Langenscheidt zu blättern. Ich brauche etwas, an dem ich mich festhalten kann. Ich versuche mir in meinem Kopf einen türkischen Satz zusammenzubasteln: „Wohin fährt dieser Bus?" oder „Wie komme ich nach Adapazarı?". Doch es ist hoffnungslos.

Genau in diesem Moment spricht mich von der Seite ein Türke an – auf Deutsch. Ich bin völlig perplex. Als sei es das Normalste der Welt, fragt er mich, wo ich hin will. Offensichtlich hat er mein Deutsch-Türkisch-Wörterbuch erkannt. Und die Planlosigkeit muss mir ins Gesicht geschrieben stehen.
„Adapazarı. Ich will nach Adapazarı", sage ich.
Zum Glück ist Adapazarı dem Mann im Bus ein Begriff. Er erklärt, dass ich schon bald wieder aussteigen müsse, dann sei ich am Busbahnhof Harem. Von dort aus könne ich den Reisebus nach Adapazarı nehmen. Dann beginnt er mit einem anderen Türken zu sprechen, der ebenfalls samt Koffer zugestiegen ist.
„Er fährt auch nach Harem", sagt Ersterer, „und er kann auch

Deutsch". Verblüffend – mehr Menschen in Istanbul scheinen Deutsch zu sprechen als Englisch. Aber mir soll das nur recht sein.

Kurz darauf greift der zweite Deutschtürke seinen Koffer und steigt aus. Ich folge ihm. Wir kämpfen uns über die vielspurige Schnellstraße und stehen vor einem Zaun. Dahinter befindet sich Harem, der Omnibusbahnhof auf der asiatischen Seite. Größer könnte der Unterschied zwischen dem, was vor mir liegt, und meiner Vorstellung kaum sein. Vor langgestreckten Baracken mit kleinen Reiseagenturen stehen zahllose Reisebusse. Während die Baracken heruntergekommen sind und den Charme einer deutschen Autobahnraststätte von vor 50 Jahren versprühen, sind die Busse nagelneu.
Schließlich haben mein Helfer und ich ein Loch im Zaun gefunden. Auch er braucht einen Moment, um sich zu orientieren, dann zieht er mich schnurstracks zu einem der unzähligen Busunternehmen. *Metro* prangt über der winzigen Agentur. Mein Helfer redet kurz mit der Frau hinter dem Schalter und im nächstem Moment halte ich ein Busticket nach Adapazarı in meinen Händen. Bevor ich mich bei ihm bedanken kann, hat der Busbahnhof den mir unbekannten Mann bereits wieder verschluckt.

Auf der Rückseite der Baracken stehen weitere Überlandbusse. Die Fahrer der konkurrierenden Unternehmen brüllen um die Wette. Viele verschiedene Orte scheinen sie anzufahren, aber die wenigsten davon habe ich je gehört. Zum Glück finde ich meinen Bus sofort. Ich steige ein, und ein Junge in Uniform, kaum älter als 18, weist mir einen festen Platz zu. Dabei ist der Bus praktisch noch leer. Mir ist alles egal, zum ersten Mal seit zwei Stunden atme ich wieder durch.

Einige Minute später setzt sich der Reisebus in Bewegung. Ein paar andere Fahrgäste sind noch zugestiegen. Während der Bus auf die Autobahn fährt und weitere Kilometer des Istanbuler Stadtgebiets durchquert, falle ich in einen dämmrigen Schlaf. Zwischendurch werden vom Busbegleiter Wasser und Kekse gereicht. Sie sind im Fahrpreis inbegriffen – dabei wundere ich mich, dass die Strecke von rund 150 Kilometern gerade einmal sechs oder sieben Euro gekostet hat.

Zum ersten Mal wird mir bewusst, wie viel Glück ich eigentlich gehabt habe bislang. Allein die Tatsache, im zweiten Bus gleich *zwei* Deutsch sprechende Türken angetroffen zu haben, lässt mich erschaudern, angesichts der Vorstellung, wo ich ohne sie nun wohl sitzen würde.

Langsam nimmt die Besiedelung ab und schließlich, als ich von einem weiteren Nickerchen erwache, nähert sich der Bus einem See. Es muss der Sapanca-See unweit meines Zielortes sein. Die Landschaft ist völlig anders als in Norddeutschland. Ich muss an Italien denken, obwohl es hier nicht so bergig ist. Hinter dem See steht lediglich eine Hügelkette. Ich sehe erste Häuser. Langsam werde ich wieder in Alarmbereitschaft versetzt.

Noch fernab dichter Bebauung hält der Bus das erste Mal. Es scheint eine Art Autobahnraststätte zu sein, an der einige der Fahrgäste aussteigen. Ich bin nicht sicher, wann ich aussteigen muss und werde unruhig. Mein Blick klammert sich an den jungen Busbegleiter, der eifrig damit beschäftigt ist, Gepäckstücke auszuladen. Ich hoffe inständig, dass er sich an mich erinnert und mir Bescheid gibt, wenn es soweit ist.

Das Aussteigen und Ausladen geschieht in größter Eile. Keine zwei Minuten später rollt der Bus bereits wieder. Kurz darauf erreichen wir Adapazarı. Ich bin erleichtert. Von hier aus könnte ich es auch zu Fuß zum Campus schaffen. Ich habe mir Pläne aus dem Internet ausgedruckt, und bis zur Uni wären es ein paar Kilometer. Trotzdem hoffe ich, dass es nicht soweit kommt. Wie sollte ich all das Gepäck befördern?

Der Bus schiebt sich durch verwinkelte kleine Straßen. Alle paar Meter bremst der Fahrer stark ab, um über in den Boden eingelassene Geschwindigkeitshügel zu kommen. Es fällt mir schwer, die kleinen Läden und Häuser links und rechts bewusst wahrzunehmen. Ich versuche lediglich, mir einige markante Punkte einzuprägen, falls ich noch einmal darauf angewiesen sein sollte. Es ist alles fremd. Mir kommt es vor, als führe ich durch ein Labyrinth: Kurve um Kurve, dazu hügeliges Profil. Irgendwann resigniere ich. Ich habe die Orientierung verloren.

Kurz darauf kommt der Bus erneut zum Stehen. Ich bin unsicher. Ich sehe viele Busse um mich herum, aber inmitten eines sandigen Areals wirkt dies nicht wie der Busbahnhof der Stadt. Da nach und nach alle anderen Fahrgäste den Bus verlassen, bin ich mir trotzdem ziemlich sicher, mein Ziel erreicht zu haben. Aber wie komme ich jetzt zum Campus? Der junge Busbegleiter ist wieder eifrig am Gepäck ausladen. Ich steige aus und blicke ihn hilflos an. Er erinnert sich an mich, spricht kurz darauf mit dem Fahrer. Er bedeutet mir, meine Sachen mitzunehmen. Dann sind wir umringt von mehreren Fahrern derselben Busgesellschaft. Fast alle rauchen. Zahllose kleinere Busse parken hier. Schließlich deutet der Busbegleiter auf eines der Gefährte. Das muss mein Bus sein. Ich bin erleichtert. Ich würde dem jungen Mann gern ein Trinkgeld geben. Aber ist dies üblich? Oder vielleicht verpönt? Doch im nächsten Moment ist er bereits wieder verschwunden.

Ich steige mit meinem Koffer in den Minibus ein, der mich nun zum Campus bringen soll. *Kampüs* steht auf einem kleinen Schild in der Windschutzscheibe. Eines der wenigen Wörter, die ich heute bislang habe entziffern können. Einige Minuten später setzt der Fahrer den Minibus in Bewegung, nur zwei andere Fahrgäste sind mit an Bord. Im Zick-Zack scheint es von nun an ausschließlich bergauf zu gehen. Einfache gemauerte Häuser säumen die Gassen und Straßen, fast nirgends ist Grün auszumachen. Nach einer Viertelstunde ist der Minibus ein ganzes Stück über der Stadt. Einige der Anstiege sind so steil, dass der Fahrer nur Schrittgeschwindigkeit fahren kann. Die beiden anderen Fahrgäste sind bereits ausgestiegen. Zu meiner Linken sehe ich den See, an dessen anderer Seite ich zuvor mit dem großen Bus aus Istanbul gekommen bin.

Plötzlich taucht vor mir ein großer Torbogen auf: *Sakarya Üniversitesi*. Ich habe mein Ziel tatsächlich erreicht! Zumindest fast. Unterhalb des Torbogens stehen Schlagbäume, daneben sind kleine Wachhäuschen.

Der Minibus hält vor der Schranke, ein Sicherheitsbeamter kommt herum gelaufen und schaut in den Bus. Der Fahrer sagt etwas auf Türkisch und der Beamte nickt. Wir dürfen passieren. Die Schranke hebt sich und dann bin ich wirklich auf dem Campus.

Erster Teil

Adapazarı, Sakarya

Willkommen in Anatolien!

Offiziell begann mein Abenteuer Türkei am 9. August 2010. An jenem Morgen hatte sich im Foyer des Kongresszentrums der Universität von Sakarya eine Gruppe europäischer Studierender zusammengefunden, um den allerersten *Erasmus Intensive Language Course* in Adapazarı in Angriff zu nehmen. Während die Sonne außerhalb des Kongresszentrums auf den hügeligen Campus brannte, scharrte sich unser internationales Pulk der Lernwilligen im Innern umeinander und bibberte. Nicht nur die sehr effektive Klimaanlage ließ uns 17 Jungs und Mädels frieren; auch die Ungewissheit vor dem, was in den nächsten Wochen und Monaten auf uns zukommen würde, hinterließ ihre Spuren.

Der Intensivsprachkurs konnte von allen Studierenden aus der EU kostenlos besucht werden, die im nachfolgenden Semester an einer Universität in der Türkei studieren würden. Das Programm der Europäischen Union trug den schönen Namen *Erasmus* und es ermöglichte auch mir den Auslandsaufenthalt – immerhin wurden die Studiengebühren von Seiten der Initiatoren übernommen. Besser noch: Wir erhielten sogar einen kleinen finanziellen Zuschuss für unser Studium im europäischen Ausland.

Doch all die formalen Aspekte, sie waren an diesem Moment ganz weit weg.
Den offiziellen Beginn markierte eine Begrüßungszeremonie, die wie ein Staatsakt wirkte. Fast mehr Redner als Teilnehmer hatten sich in einem der modernen Säle des Kongresszentrums

versammelt, um den besonderen europäischen Charakter und die damit verbundenen Chancen für den Bezirk Sakarya herauszustellen. Die markigen Worte verbanden sich mit dem Stolz in den Gesichtern der Organisatoren.

Einen Haken hatte die Zeremonie allerdings: Die meisten der Reden wurden ausschließlich auf Türkisch gehalten. Uns bot sich ein Bild der kommunikativen Schwierigkeiten, welche in den kommenden Wochen auf uns warten würden. Eine englische Übersetzung lief zwar automatisch auf einer Powerpoint-Präsentation mit, aber die Geschwindigkeiten waren nicht aufeinander abgestimmt worden, und so endete jede projizierte Rede bereits fünf Minuten vor dem eigentlichen Redner. Im Ergebnis bekamen wir Studierenden nicht sehr viel mit von dem, was die Redner mit einem freundlichen Lächeln auf den Lippen erzählten. Die Erasmus-Koordinatorin, eine zugleich resolut und freundlich wirkende Person, ließ sich etwas Besonderes einfallen: Sie hielt dieselbe Rede gleich zweimal, einmal auf Türkisch und einmal auf Deutsch. Dies hatte bei lediglich sieben deutschsprachigen Teilnehmern allerdings eher ausgrenzenden als integrierenden Charakter.

Während der letzte Vortrag gehalten wurde, schwirrten unzählige Fragen in meinem Kopf umher. Die größte von ihnen lautete: Was hatte uns in dieses Nest verschlagen? – Denn eines war nicht zu leugnen: Adapazarı war wirklich ein Nest. Die Antwort lag auf der Hand: Wer einen Sprachkurs in der Türkei absolvieren wollte, konnte Wünsche zur Stadt äußern. Aber nicht immer wurden diese Wünsche berücksichtigt, und so waren eben einige Studierende in Anatolien gelandet.

Für den Moment blieb jedoch keine Zeit, Antalya oder Istanbul nachzutrauern, denn nachdem der letzte Delegierte seine Rede beendet hatte, wurden wir zu einer „Kennenlernphase" zurück ins Foyer gebracht. Zahlreiche Stehtische blieben dabei leer – es waren wohl deutlich mehr Studierende erwartet worden. Bei Orangensaft aus Tetrapaks und türkischen Keksen begann in der Halle dennoch ein Gewusel. „Wo kommst du her?", „Was studierst du?" und vor allem „Wie bist du hierhergekommen?" kreuzten in allerlei Sprachen den Raum.

Ich dachte an meine eigenen Anreise zurück. Ohne groß darüber nachzudenken, hatte ich meine Flüge mehrere Wochen im Voraus gebucht und mich dabei für die günstigsten Verbindungen entschieden. Mein Abenteuer Türkei hatte daher am Mittwoch zuvor, fünf Tage vor Beginn des Kurses, angefangen. Als ich nach einer nervenzehrenden Fahrt auf dem Campus eintraf, war ich der erste Teilnehmer vor Ort gewesen – des ersten Sprachkurses, der überhaupt stattfand.

Doch seit meiner Ankunft hatte ich mich nie wirklich einsam gefühlt. Ich wohnte in einem flachen, gelben Neubau auf dem Campus, der als Studentenwohnheim fungierte. Neben Constantin, einem aufgeschlossen Politikstudenten aus Belgien, der am zweiten Tag zu meinem Zimmernachbarn wurde, hatte ich auch Janina aus Polen und Clara und Sonja aus Deutschland kennengelernt. Sie waren im Wohnheim oberhalb unseres Gebäudes untergebracht worden. Gemeinsam hatten wir auf dem hügeligen Campus oberhalb des Sapanca-Sees erste Erkundungstouren unternommen.

Auch die anderen Bewohner des Wohnheims hatten sich sehr um mich gekümmert. Sie nahmen nicht am Sprachkurs teil, was aber auch keinen Sinn gemacht hätte, denn sie sprachen allesamt Türkisch: Da waren Amir und Nasim, zwei strengreligiöse Doktoranden aus Aserbaidschan, die gerade an ihren Dissertationen in Wirtschaftswissenschaften arbeiteten, und einige Türken, die in den Semesterferien nicht nach Hause gefahren waren. Sie vertrieben sich ihre Freizeit auf dem Campus nun vorrangig mit Fernsehen im kleinen Gemeinschaftsraum. Da Amir mit Abstand das beste Englisch sprach, hielt ich mich an ihn, wann immer es Verständigungsprobleme gab. Und die gab es zu Beginn zur Genüge.

Ich hatte zum Beispiel keine Ahnung gehabt, was es mit dem Putzplan des Wohnheims auf sich hatte. Die Rezeptionistin Sevda, eine blonde Mittdreißigerin mit schelmischem Lächeln, hatte erfolglos versucht, mir auf Türkisch zu erklären, wie er zu benutzen war. Schließlich sagte mir Amir, dass ich mich dort eintragen konnte, um das Zimmer reinigen zu lassen. So richtig hatte ich das Prinzip dennoch nicht verstanden, und so trug ich mich nicht ein. Trotzdem war einige Tage später das Zimmer von Constantin und mir komplett gereinigt worden – offensichtlich hatte sich Sevda, was übersetzt Liebe heißt, ein Herz gefasst und unser Anliegen fernab jeder gesprochenen Sprache richtig gedeutet.
Die Gemeinschaftsküche war für mich ebenso undurchsichtiges Terrain, zwei überdimensionierte Kühlschränke beherbergten allerlei Plastikbeutel, in denen die anderen Bewohner ihre Lebensmittel lagerten. Alkohol beherbergten sie allerdings nicht. Der war auf dem Campus nämlich verboten. So folgte auf meine Einlagerung einer einzelnen Flasche Bier einige Tage später das, was folgen musste: Amir nahm mich zur Seite und erklärte mir das mit dem Alkoholverbot auf dem Campus. Von da an quartierte ich die Flasche in meinem hölzernen Zimmerschrank ein – mit reichlich schlechtem Gewissen.
Die allergrößten Probleme hatte ich allerdings mit den Wasch-

maschinen. Nachdem ich all meine saubere Kleidung verbraucht hatte – was angesichts der anhaltenden Hitze von weit über 30°C sehr schnell gegangen war – kaufte ich Waschpulver und versuchte die Maschine zu bedienen. Das klappte auch ganz gut, nur leider musste ich ein paar Stunden später feststellen, dass sich die Maschine mitten im Waschgang selbst ausgeschaltet hatte. Ich versuchte die durchseiften Klamotten aus der heißen Lauge zu holen, damit diese nicht bis zum nächsten Morgen dort liegen bleiben mussten. Dabei verbrühte ich mir die Finger. Als der Rezeptionist mich erblickte, wurde Amir als Übersetzer hinzugezogen: „Die Waschmaschine können nur bis zehn Uhr abends benutzt werden", sagte er mit ein wenig Mitleid. – Es war halb elf. Ich seufzte. Die ganz elementaren Dinge des Lebens gestalteten sich zunächst schwierig.

Was zusammenschweißte, waren gemeinsame Fußball-Abende mit den anderen Bewohnern vor dem Fernseher, viel Lachen und natürlich der wolkenlose Himmel – Dinge, die wenig verbale Kommunikation erforderten. So stand ich mit zwei der Türken an einem der ersten Tage vor dem Eingang zum Wohnheim und wir zeigten einfach auf alle möglichen Dinge, und sie nannten mir die türkischen Begriffe. Als erstes lernte ich dabei die Wörter für Schatten (*gölge*) und Schweiß (*ter*) – zwei ziemlich wichtige Vokabeln für den sommerlichen Anfang.

Einkaufen fahren, Internet-Probleme beheben und Ähnliches dagegen ließ sich besser mit den anderen europäischen Studierenden erledigen. Hier konnten wir uns gegenseitig Mut machen und über all das, was wir so erlebten, unsere Gedanken austauschen. Anlass dazu gab es jede Menge. Am schwerwiegendsten war für uns die strikte Trennung der Geschlechter. Dass die Mädels und wir nicht im selben Wohnheim untergebracht waren, verstanden wir nicht. Die beiden langgezogenen Bauten lagen nur 50 Meter auseinander, doch der Zutritt zum jeweiligen anderen Wohnheim war untersagt. Dass dieses Verbot eingehalten wurde, kontrollierten die Verantwortlichen, indem die Rezeptionen beider Wohnheime 24 Stunden am Tag besetzt waren. Erstmals wurde für uns deutlich, was es bedeutet, nicht in Deutschland, sondern in einer konservativ-muslimischen Region der Türkei zu leben, noch dazu auf dem Gelände einer öffentlichen Institution.

Unsere gemeinsamen Aktivitäten verlagerten wir somit zwangsläufig ins Freie. Das war angesichts des Wetters zwar kein Problem, und schnell annektierten wir die kleine Wiese am Hang zwischen den beiden Wohnheimen, doch gleichzeitig fand somit jeglicher gemischtgeschlechtlicher Kontakt im öffentlichen Raum statt.

Unsere Freiräume mussten wir uns suchen. So hatten Janina, Sonja, Clara, Constantin und ich an einem der ersten Tage einen kleinen Ausflug hinunter zu einer Badestelle am Sapanca-See unternommen. Der See, malerisch am Fuße des Campus gelegen, war an jenem Sonntag bei strahlendem Sonnenschein auch bei den Einheimischen ein beliebtes Ziel gewesen, und so planschten Dutzende Türken in dem wunderbar warmen Wasser. Ungewöhnlich war für uns nur der Anblick der Frauen, die in Ganzkörperbadeanzügen und mit Schleier ins Wasser gingen.

Da ich gleich am ersten Tag türkische Studenten in der Cafeteria auf dem Campus kennengelernt hatte, hatte sich uns die Gelegenheit geboten, auch einen Blick auf das Nachtleben von Sakarya zu werfen. Ich verabredete mich mit einem von ihnen, Metin, für das erste Wochenende zu einem gemeinsamen

Ausflug in eine örtliche Bar. Ich war zunächst etwas skeptisch, immerhin hatte ich ihn erst ein einziges Mal gesprochen, aber Janina und Constantin waren ebenfalls mit dabei. Metin, der an der technischen Fakultät studierte, holte uns in seinem Wagen ab, und wir verließen den streng kontrollierten Campus gemeinsam. An der Ausfahrt, die von privatem Wachschutz gesichert wurde, erklärte er den Diensthabenden, wohin wir fuhren, und dass er uns später am Abend zurückbringen würde. Wir durften passieren.

Nur wenige Kilometer entfernt, unten am Rande der Stadt, brachte er uns in eine offensichtlich angesagte Lokalität des Provinzortes. Schon von Weitem waren die Bässe zu hören, und vor dem großen Bungalow parkten weiße und schwarze Luxuskarossen. Die Türsteher musterten uns vier eingehend, aber als Metin uns als ausländische Gäste vorstellte, ließ es sich der Inhaber nicht nehmen, uns persönlich zu begrüßen. Zwar entsprach unsere Kleidung kaum dem Standard, dennoch gab uns der Klubbesitzer einen Tisch auf der großzügigen Veranda. Allzu oft kamen Auswärtige wohl nicht hierher. Wir unterhielten uns mit Metin und orderten jeder ein kleines Bier. Die Preise für alkoholische Getränke waren jenseits von Gut und Böse. Umso überraschender war es, dass uns der Inhaber eine halbe Flasche Wodka auf Kosten des Hauses spendierte. Ein schiefes Lächeln bekamen wir gratis dazu. Es würde der einzige Abend bleiben, an dem wir in einer Bar in Adapazarı Alkohol bekamen, doch das wussten wir zu diesem Zeitpunkt noch nicht.

Einige Stunden später brachte uns Metin in seinem Wagen zurück zum Campus – Busse fuhren um die Zeit nicht mehr. Wir mussten die Wachen am Eingang zum Campus passieren, was aufgrund von Metins Unterredung bei der Abfahrt jedoch kein

Problem darstellte. Kurz vor unseren Wohnheimen befand sich ein zweiter Sicherheitsposten, ebenfalls mit Schlagbaum versehen. Auch hier kamen wir ohne große Schwierigkeiten vorbei. Die Abschottung und Sicherung eines einfachen Universitätsgeländes und seiner Bewohner empfand zumindest ich als sehr ungewohnt und befremdlich. Somit griff die Kontrolle nicht nur durch die Rezeptionisten, sondern auch durch die vielen Sicherheitsleute, die auf dem weitläufigen Gelände stationiert waren und patrouillierten.

Türkçe konuşuyor musun? – Sprichst du Türkisch?

In der ersten Woche war ich fast täglich mit einem der *Dolmuş-Taxis* die gut vier Kilometer ins Zentrum gefahren. Die kleinen blauen Busse pendelten die hügelige Strecke zwischen dem Stadtzentrum und dem Campus hin und her, was auch dringend notwendig war, denn auf dem Campus gab es keine ausreichenden Einkaufsmöglichkeiten. Links und rechts der Route standen unzählige einfach gebaute Häuser, die nahezu alle mit roten Betonsteinen ausgebessert worden waren. Offensichtlich waren die Einwohner noch immer damit beschäftigt, die Schäden des schlimmen Erdbebens von 1999 zu beseitigen. Damals hatten mehr als 10.000 Menschen in der Region ihr Leben verloren.

Für uns Studenten kostete die Fahrt einen Lira – umgerechnet 50 Cent – was praktischerweise keine Wechselgeld-Probleme bereitete. Da die Fahrer die hügelige Strecke in einer waghalsigen Art und Weise zurücklegten, war es beruhigend, dass sie nicht unnötig lange im Kleingeldfach herumwühlen mussten. Wann immer ein Passant am Straßenrand stand oder lief, hupten die Dolmuş-Fahrer freundlich. Wollte derjenige mit, hielten sie an – unabhängig davon, ob an besagtem Ort eine Haltestelle war oder nicht. Ich musste an die überpünktlichen deutschen Busfahrer denken, die abgehetzten Menschen in Potsdam die Türen vor der Nase zuknallten.

Die pickepackevollen Busse fuhren direkt bis ins Zentrum von Adapazarı, zum *Çarşı*. Männer und Frauen achteten streng darauf, sich nicht nebeneinander zu setzen. Amir hatte mir erklärt, dass dies verlobten bzw. verheirateten Paaren vorbehalten war. Im Zentrum der Stadt gab es neben einigen Supermärkten vor allem einen großen überdachten Markt, auf dem Obst und Gemüse verkauft wurde. Die Auslagen waren für deutsche Verhältnisse traumhaft: nicht nur günstig – das Kilo Orangen, kernlose Weintrauben oder Auberginen für einen Lira –, sondern auch äußerst frisch. Dafür stellte ich im Umkehrschluss fest, dass bestimmte abgepackte Produkte für uns verblüffend hohe Preise hatten. In erster Linie betraf dies Importprodukte, aber auch in der Türkei produzierte Wurst- und Käsewaren kosteten deutlich mehr als vergleichbare Erzeugnisse in Deutschland. So war eine meiner ersten Erkenntnisse, dass sich beim Leben in der Türkei zwar Geld sparen ließe, dass dies aber einige Umstellungen bedeuten würde.

All diese Eindrücke sammelte ich in den ersten Tagen. Jeder einzelne dieser Tage lieferte so viel Neues, dass ich das Gefühl hatte, als wäre ich bereits einen Monat in der Türkei und nicht erst fünf Tage.

Nachdem wir am Montagmorgen die Begrüßungszeremonie heil überstanden hatten, wartete die erste Herausforderung an Unterrichtstag eins wenige Stunden später auf uns. Wir hatten die Kühlkammer Kongresszentrum lebend verlassen, und für jene, die erst an diesem Tag angereist waren, gab es Gelegenheit, sich auf dem riesigen Campus oberhalb der Stadt zu orientieren. Durch die Distanz zum Stadtzentrum bildete der Campus so etwas wie ein eigenes Zentrum mit dutzenden Gebäuden, inklusive kleiner Läden und einer eigenen Moschee.

Passend zur allgemeinen Hitze war in der vorlesungsfreien Zeit aber nicht viel los auf dem Gelände. Nahezu verwaist lagen die in unterschiedlichen Farben angestrichenen Häuserblöcke dar. Lediglich im gelb-weißen Gebäude der Sprachfakultät fanden sich am Nachmittag 17 Schüler ein, um motiviert ihre ersten Wörter Türkisch zu lernen. Gleich zwei Lehrerinnen brachten uns bei, Hallo zu sagen (*Merhaba*) und sich nach dem Befinden zu erkundigen (*Nasılsın?*). Das Ganze war fordernd, denn für uns alle war die Aussprache des Türkischen reichlich ungewohnt, es machte aber Spaß.

Umso irritierender war es, als wir am Ende der kleinen Übungseinheit kommentarlos einen mehrseitigen Test ausgehändigt bekamen. Wir sollten Lückentexte ausfüllen und Fragen beantworten – komplett ohne englische Erklärung. Ich blickte ins weite Rund und sah in 16 ratlose Gesichter. Kaum jemand von uns besaß überhaupt Kenntnisse in der Sprache, und nun bekamen wir komplexe Aufgaben gestellt. Auch auf Rückfrage konnte uns keiner der Verantwortlichen den Sinn des Ganzen erklären. So gaben wir nahezu kollektiv jungfräuliche Zettel zurück – was immerhin die Zeit für die Korrekturen niedrig hielt. Ich überlegte: Vermutlich benötigten die Organisatoren in Sakarya eine Art Dokument, das unser Anfangsniveau festhielt und von dem aus unsere Fortschritte sichtbar werden würden.

Der zweite Tag erwartete uns mit nicht weniger als acht Stunden Türkisch-Unterricht! Wir waren in Vierergruppen eingeteilt worden und jede Gruppe bekam im Laufe des Tages drei verschiedene Lehrer zu Gesicht. Anhand von zwei Lehrbüchern und diversen Arbeitsblättern war die grobe Struktur vorgegeben, aber schnell zeigte sich, dass die Feinabstimmung im ersten Durchgang fehlte. Die Lehrer, die im Semester Professoren der unterschiedlichen Fakultäten waren, hatten für den Sprachkurs unterschiedliche Konzepte, manche gar keines. Zudem sprachen einige von ihnen nur sehr schlechtes Englisch. Das machte es fast unmöglich, eine Konsistenz zwischen den Unterrichtsstunden aufzubauen.

Unsere Motivation war trotzdem sehr hoch. Praktisch jeder hatte den Willen, sich in die Sprache hineinzuarbeiten. Aber wer acht Stunden in einem kargen Klassenraum sitzt, dessen einziges nennenswertes Merkmal ein Portrait von Kemal Atatürk, dem Gründer der türkischen Republik, über der Tafel darstellt, der stößt irgendwann an seine Grenzen. Inbrünstig warteten wir jede Stunde auf die zehnminütige Pause, in der sich die verschiedenen Gruppen in einer kleinen Cafeteria einfanden. Es gab *Çay*, schwarzen türkischen Tee, der in kleinen Gläsern serviert wird, und Kekse. Wir waren aufgrund der Semesterferien neben den Sicherheitsleuten und den Lehrkräften die einzigen Kunden hier. Trotzdem freute sich der Verkäufer jede Stunde von neuem, wenn wir eines unserer gerade erlernten Wörter bei der Bestellung ausprobierten. Den türkischen Begriff *mola* für Pause lernten wir am schnellsten. Die zehn Minuten reichten allerdings beileibe nicht aus, um alle neuen Eindrücke und Erkenntnisse auszutauschen.

Dafür musste die große Mittagspause herhalten. In der liefen alle Schüler im Gänsemarsch zur riesigen Cafeteria, einem mehrgeschössigen Bau am obersten Punkt des Geländes. Von der langen Terrasse im dritten Stock bot sich uns ein großartiger Blick bis ans Ende des Sapanca-Sees. Wir hatten das Privileg, in der Mensa der Lehrkräfte mitessen zu dürfen. Dies hatte den praktischen Hintergrund, dass parallel zu den ersten Tagen unseres Sprachkurses der Ramadan begonnen hatte. Während dieses Monats, der an den Mondkalender angepasst ist, dürfen gläubige Muslime weder essen noch trinken, solange die Sonne scheint. Wenn der Ramadan, wie in diesem Jahr, in den Sommer fällt, bedeutet dies, dass die letzte Mahlzeit sehr früh morgens eingenommen wird und die erste erst wieder gegen 21 Uhr. Noch gravierender ist allerdings der Verzicht auf Flüssigkeit, insbesondere mit Blick auf die Temperaturen. In der sehr konservativ geprägten Region Sakarya nahm der Großteil der Bevölkerung am Ramadan teil – auch unsere Lehrer. Nur einige wenige Lehrkräfte, die aus gesundheitlichen Gründen nicht auf Essen und Trinken verzichten konnten, fanden sich ebenfalls um die Mittagszeit in der riesigen Cafeteria ein. Folgerichtig waren wenige Tische besetzt.

Zumindest wir konzentrierten uns auf unser Essen in der Mensa. Wir erhielten für weniger als einen Euro eine vollwertige Mahlzeit, geschmacklich unterschieden sich die Speisen Tag für Tag leider nur in Nuancen. Die größeren Probleme hatten allerdings die Vegetarier, denn ihrer Bitte um vegetarisches Essen kamen die Köche nur in den ersten Tagen nach. Von heut' auf morgen gab es danach nur noch Mahlzeiten mit Fleisch. Auch eine Rückfrage blieb erfolglos. So mussten sich die Vegetarier mit den Beilagen begnügen.

Anatolischer Alltag

Bereits gegen Ende der ersten Woche hatten wir uns einen gewissen Alltag geschaffen. Nach dem täglichen Unterricht musste fast immer irgendwer ins Zentrum, um etwas zu erledigen. Der Kauf türkischer Mobilfunkkarten gestaltete sich beispielsweise äußerst schwierig, weil in den lokalen Handy-Geschäften niemand Englisch sprach. Und selbst wer sich eine Karte sichern konnte, hatte eine weitere Hürde zu überwinden: Unsere deutschen Handys mussten binnen weniger Tage bei den türkischen Behörden registriert werden, weil sie sich sonst automatisch deaktivieren würden. Eigentlich nur ein zehnminütiger Vorgang, aber mit der Sprachbarriere eine ziemliche Herausforderung. Ich hatte bei einer *Turkcell*-Filiale Glück. Obwohl ich nur das türkische Wort für „registrieren" vor mich hin stammelte, erkannte die Kundenberaterin mein Anliegen und half mir weiter.

Auf dem Campus selbst war neben unserem täglichen Sprachunterricht nichts los. Unser Problem mit den getrennten Dormitories ignorierten wir weiterhin, indem wir unsere gesamten sozialen Aktivitäten ins Freie verlegten. Auf unserer kleinen Wiese traf ich mich täglich nach dem Unterricht mit Clara und mit Annalisa, die ebenfalls aus Deutschland kam. Während Clara in Berlin Ethnologie und Literaturwissenschaft studierte, war Annalisa in Trier für BWL eingeschrieben. Abends, wenn der Unterricht beendet war, breiteten wir unsere Decken aus und begannen den Stoff des Tages zu wiederholen und unsere Fragen zur türkischen Grammatik zu klären.

Vielleicht war die nicht vorhandene Sprachbarriere mit den deutschen Mädels der Grund dafür, dass wir recht viel „Freizeit" miteinander verbrachten. In jedem Fall hatte die gleiche Nationalität so etwas wie eine gesellschaftsstiftende Funktion: Gemeinsame Skat-Runden und sonntägliche *Tatort*-Abende vor dem Laptop brachten ein bisschen Heimat in die türkische Provinz. Samstags lauschte ich auf der Wiese der Bundesliga-Konferenz von *NDR 2*, während mein Blick über den sonnendurchfluteten Sapanca-See schweifte, und wann immer meine Vereine St. Pauli und Werder Bremen ein Tor erzielten, lächelte ich Clara an.

Darüber hinaus hatte sich eine Art europäische Laufgemeinschaft gegründet. In den späten Abendstunden, wenn die Hitze des Tages der Dunkelheit der Nacht zu weichen begann, machte ich mich gemeinsam mit einigen Gefährten auf den Weg, um über den hügeligen Campus zu joggen. Die Straßen, die sich über das Universitätsgelände zogen, waren mit Laternen halbwegs ausgeleuchtet, dennoch hatte das Laufen zu dieser Tageszeit etwas Merkwürdiges an sich. Häufig begegneten uns die wachhabenden Sicherheitsleute auf unserem Weg, außerdem waren Männer in orangenen Overalls damit beschäftigt, die vielen Grünanlagen aus einem Tankwagen zu wässern. Am einschüchterndsten aber waren die Rudel wilder Hunde, die von Zeit zu Zeit über den Campus zogen. Mehr als einmal begegneten wir den Tieren – und machten einen großen Bogen um sie.

In der zweiten Woche zogen die ersten Studierenden aus den Wohnheimen auf dem Campus aus. Insbesondere all jene, die länger als nur für die Zeit des Sprachkurses bleiben würden, hatten ihre Konsequenzen aus der strikten Kontrolle auf dem Universitätsgelände gezogen. Zudem nahm das ständige Pendeln in die Stadt für die täglichen Einkäufe viel Zeit in Anspruch. Ich konnte die Beweggründe nachvollziehen, hatte mich aber mit dem Umfeld arrangiert und wollte den malerischen Ausblick und die netten Menschen im Wohnheim ungern gegen eines der kleinen zusammengeschusterten Häuser im Zentrum tauschen.

Das Unterrichtspensum war entgegen unserer Hoffnungen noch einmal erhöht worden. Zudem haperte es bei der Organisation an mehreren Stellen. Nicht selten standen Klassen morgens vor verschlossenen Türen und waren frustriert, ganz einfach, weil die Kommunikation nicht stimmte. Der an sich enge Zeitplan hätte zwei Stunden längeres Ausschlafen sehr gut vertragen, doch der Informationsfluss zu uns war fast ausgetrocknet. Die Schwierigkeiten hingen auch damit zusammen, dass die Lehrer zum Teil weit weg wohnten. Manch einer pendelte die 150 Kilometer aus Istanbul. Einige der Lehrer schlossen wir schnell ins Herz, andere Lehrer trieben uns hingegen zur Verzweiflung, weil sie nicht einmal in der Lage waren, einfache Nachfragen auf Englisch zu beantworten. Am gravierendsten war der *Kultur-Unterricht*, den jede Klasse einmal pro Woche hatte. Die erzkonservativen Ansichten unseres Lehrers waren so unglaublich weit entfernt von den unsrigen, das wir mitunter nur den Kopf schüttelten. „Armenien" und „Zwangsehe" waren nur zwei Themen, bei denen sich keinerlei Konsens finden ließ.

Und dann gab es noch einen Lehrer, der immer da war: Mahmut. Mahmut organisierte den Sprachkurs und er war als Professor für Türkisch mit Leib und Seele bei der Sache. Die meisten Unterrichtsstunden gab er selbst und auch in Freistunden verweilte er im Gebäude. Wann immer eine Klasse keinen Lehrer hatte, sprang Mahmut ein. Leider war Mahmut ein wenig übereifrig, was in Verbindung mit seinen begrenzten Englischkenntnissen häufiger zu unfreiwillig komischen Situationen führte. Fast immer pirschte er – wenn er nicht gerade unterrichte – in schlacksigem Gang über den Flur des Faktultätsgebäudes und suchte förmlich nach den Schülern, um ihnen noch mehr türkische Wörter aufzuzählen, die ihm in den Sinn kamen. Einmal ließ er eine Dokumentation über die Steppen Anatoliens auf seinem Laptop eine Viertelstunde laufen, zeigte willkürlich auf die auftauchenden Dinge und nannte ihre Namen. Außerdem war er redlich bemüht, uns zu seinen Freunden bei *facebook* hinzuzufügen, wo er in Null-Komma-Nichts eine Gruppe organisiert und Fotos hochgeladen hatte. Am meisten angetan von der Idee war er selbst.

Schön wurde es immer dann, wenn wir nach einem langen Tag voller türkischer Vokabeln vom Campus herunterkamen. Abends begann das gesellschaftliche Leben in der Fußgängerzone aufzublühen. Nachdem die Bewohner Adapazarıs ihre Ramadan-Mahlzeit gegessen hatten, wurde es sogar richtig voll. Die Temperaturen waren dann erträglich, und alle Geschäfte hatten bis in die späten Abendstunden geöffnet. An den Ecken standen fliegende Händler, die von Backwaren bis Zahnbürsten alles im Sortiment hatten. Die vielen kleinen Restaurants waren genauso anziehend wie die Dachbars, in denen *Nargile* – die türkische Wasserpfeife – geraucht wurde. Die Stimmung war ausgelassen, auch wenn kein Alkohol ausgeschenkt wurde. Dafür gab es jeden Abend Live-Musik. Und einen der Musiker lernten wir auf ganz besondere Art und Weise kennen...

Genie und Wahnsinn

Es war ein typisch heißer Tag in Sakarya, wolkenlos und weit über dreißig Grad. Da zudem Freitag war, wirkte der Campus noch leerer gefegt als sonst. Einzig ein paar arme Sprachschüler waren gefordert, gemeinsam einen weiteren Film über das ländliche Anatolien zu gucken. Angesichts des strahlenden Sonnenscheins konnten Clara und ich uns nicht dazu durchringen, in der Sprachfakultät unsere Zeit zu verbringen. Stattdessen beschlossen wir, das ländliche Anatolien fernab der Mattscheibe zu entdecken – was in diesem Fall bedeutete, Eis zu essen. In einem der winzigen Cafés auf dem Universitätsgelände kauften wir uns Eis von *Langnese*, welches in der Türkei unter dem italienischen Namen *Algida* vertrieben wird.

Wir waren gerade im Begriff, zurück in Richtung unserer Wohnheime zu laufen, da sprach uns ein junger Mann auf der Terrasse an – auf Deutsch wohlgemerkt. Zunächst glaubte ich, ich hätte mich verhört. Der Mann sah durch und durch türkisch aus, aber kurz darauf war ich mir sicher: er hatte zweifelsfrei Deutsch gesprochen. Die paar Worte, die Clara und ich miteinander gewechselt hatten, hatten ihn offensichtlich aufhorchen lassen. Der dunkelhaarige, schmächtige Mann stellte sich uns als Halil vor. Halil war der einzige Gast, und wie wir kurz darauf erfuhren, leistete er einem Freund, der Dienst im Café tat, Gesellschaft. Clara und ich waren ziemlich überrascht von der Situation, aber neugierig setzten wir uns zu den beiden. Halil lud uns mit tiefbraunen Augen und einem gewinnenden Lächeln auf etwas zu trinken ein, nachdem wir unser Eis aufgegessen hatten. Es entwickelte sich ein langes Gespräch zwischen uns. Clara und ich waren bemüht, ein paar Brocken unseres bis dahin erlernten Türkisch anzubringen, aber die meiste Zeit klebten wir an Halils Lippen.

Während er sich Zigarette um Zigarette ansteckte, berichtete er davon, wie sein Vater in den 90er-Jahren beschlossen hatte, mitsamt der Familie nach Deutschland zu gehen, um in einer Moschee zu arbeiten. Das brachte der Familie gutes Geld ein, aber für den kleinen Halil war die Situation schwierig. Er kam in ein Land, dessen Sprache er nicht beherrschte und wurde deshalb in eine untere Klasse eingestuft. So war er nicht nur Ausländer, sondern auch um einige Jahre älter als seine Klassenkameraden. Deutsch lernen fiel ihm trotzdem schwer, eine intensive Förderung gab es nicht. Und so zogen sich die schlechten Noten durch all seine Fächer, denn auch in Mathematik oder Geschichte konnte er durch die Sprachbarriere dem Stoff nicht folgen. Die Zeit war frustrierend für Halil, zumal er trotz der schlechten Leistungen Jahr für Jahr versetzt wurde, damit der Altersunterschied nicht noch größer werden würde. Die einzigen sozialen Kontakte außerhalb der eigenen Familie baute er zu den Kindern russischer Familien auf, die mit ähnlichen Schwierigkeiten zu kämpfen hatten.
Ansonsten zog er sich in die Musik zurück und übte stundenlang dieselben Fingerläufe am Klavier. So brachte er sich das Spielen selbst bei und entwickelte eine große Leidenschaft für sein Instrument.
Sieben Jahre nach dem Aufbruch nach Deutschland kehrte die Familie zurück, und erneut war Halil vor das Sprachproblem gestellt, diesmal war es sein Türkisch, das nicht gut genug war. Abermals frustriert, geriet der Junge in seiner eigentlichen Heimat an der Schule in Konflikte, wurde mehrfach suspendiert und ging irgendwann einfach nicht mehr hin. Stattdessen in-

tensivierte er sein Klavierspiel und reiste mit seinem Vater zu Konzerten im religiösen Kontext. Das Geld, das die Familie dabei verdiente, kam in erster Linie dem großen Bruder zugute, der im Ausland sein Studium aufgenommen hatte.

Längst hatten wir unsere Getränke geleert, aber Halil schaffte es immer wieder, seinen Erzählungen noch eine weitere Facette hinzuzufügen. Obwohl er allen Grund dazu gehabt hätte – Verbitterung war bei ihm nicht zu spüren. Auch wenn ihm viele Möglichkeiten im Leben verwehrt wurden, so hatte er doch eine Beschäftigung gefunden. Sein Klavierspiel intensivierte sich, und während Halil davon erzählte, funkelten seine Augen. Fast manisch schwärmte er von 12 bis 15 Stunden dauernden Übungsmarathons, obwohl sie ihm Schmerzen in seinen Sehnen bereitet hatten.
Clara und ich waren skeptisch, ob er seine Geschichte nicht ein wenig zu spektakulär ausgestaltete, aber zum Abschluss unseres Treffens erhielten wir die Einladung für ein kleines Konzert in Adapazarıs Zentrum – die perfekte Gelegenheit für uns, um genau dies herauszufinden.

Es war einer unserer letzten Abende in Adapazarı, und es hatte ein abschließendes gemeinsames Abendessen im Restaurant auf dem Campus gegeben. Anschließend nahm uns der Dekan der Sprachfakultät in seinem Privatwagen mit ins Stadtzentrum. Direkt neben dem Stadion des Drittligisten *Sakaryaspor* befand sich ein etwas verstecktes, türkisches Teehaus. Am Rande eines winzigen Luna-Parks stand das *Yağmur* (Regen), eine Mischung aus verziertem Holzgebäude und offener Terrasse. In der gedämmten Atmosphäre saßen entspannte Gäste an kleinen Tischen und zogen an ihren Wasserpfeifen. Dazu gab es Tee. Alkohol wurde auch hier nicht ausgeschenkt.

Halil und seine beiden Mitstreiter sahen wir sofort. Sie hatten ihre Instrumente bereits am Ende des Lokals aufgebaut. Als Halil uns erblickte, lächelte er uns zu. Das Trio hatte ein Repertoire traditioneller türkischer Lieder teilweise neu arrangiert. Halil hatte nicht übertrieben, er spielte sehr virtuos auf einem Synthesizer. Der Zuspruch aus dem Publikum hielt sich allerdings in Grenzen, zum einen, weil etliche Tische leer waren, zum anderen, weil auf hellen Flachbildschirmen die Basketball-WM übertragen wurde. HD-TV inmitten urigster Tradition. Eine Handvoll Türkinnen applaudierte auffallend laut, ansonsten genoss die Band nur unsere ungeteilte Aufmerksamkeit. In der Pause kam Halil zu uns, wir unterhielten uns ein bisschen. Dann setzte das Trio sein Konzert fort. Am Ende des Abends fuhr längst kein Bus mehr, und so hatte uns Halil über den Besitzer des Lokals ein Auto samt Fahrer besorgt, das uns zurück zum Campus brachte. An der Schranke musste Halil all seine Überredungskünste aufbringen, damit wir passieren durften, aber schließlich kamen wir wohlbehalten wieder nach Hause.

Auch am darauf folgenden – letzten gemeinsamen – Abend sahen wir Halil und seine Mitstreiter noch einmal live, aber dies blieb unsere letzte Begegnung. Trotz seiner Beteuerungen – „Wann immer ihr irgendwas braucht, meldet euch einfach." – bekam ich Halil nicht mehr zu Gesicht. Er hatte zwar von Konzerten in Istanbul gesprochen, aber meine späteren Rückfragen per SMS, wann und wo er auftreten würde, beantwortete er nicht mehr. Auch diese Erkenntnis sammelte ich als eine meiner ersten in der Türkei: Es kann gut sein, dass ein Mensch dir hier nach einer halben Stunde seine ganze Lebensgeschichte erzählt, aber zu bedeuten hat das nicht immer etwas.

Und so ging die Sprachkurszeit leicht wehmütig zu Ende. Es waren äußerst intensive vier Wochen geworden, nach denen ich das Gefühl hatte, immer noch überhaupt kein Türkisch zu können, aber dafür einige interessante Bekanntschaften gemacht zu haben. Clara und Annalisa würden mitkommen nach Istanbul. Vor uns lag ein Abschnitt mit ganz neuen Herausforderungen. Weg aus der allgegenwärtigen Obhut der Universität von Sakarya hinein ins pulsierende Istanbul. Mit anderen Worten: Freiheit! Clara und ich stießen auf die vor uns liegende Zeit auf unsere Weise an: Mit *Efes*-Dosenbier in der hintersten Ecke des Campus, wo uns kein Wachschutz der Welt finden würde. Ein letztes Mal blickten wir in den Sternenhimmel und auf das funkelnde Lichtermeer Adapazarıs. Es war merklich abgekühlt, und dennoch genossen wir die Stille, die nur vereinzelt von Grillengezirpe durchschnitten wurde.

Zweiter Teil

Istanbul

„Erfahrungen vererben sich nicht
– jeder muss sie allein machen. “
– Kurt Tucholsky

Ayhan-Işık 27 – oder wie mich ein schwedischer Fußball-manager ins Chaos vermittelte

„Das darf nicht wahr sein“, schoss es durch meinen Kopf, „vor 14 Tagen sah das hier alles noch ganz anders aus.“
Nass geschwitzt und mit den Kräften am Ende ließ ich meinen Koffer zu Boden sinken. Gerade hatte ich meine 30 Kilo Gepäck vier Stockwerke nach oben getragen, nun wanderte mein Blick durch den großen Wohnflur meiner neuen WG in Istanbul. Kram stapelte sich vor mir auf, Möbel, Koffer und Müll spielten miteinander Tetris. Die angrenzende Küchenzeile war vollgestellt mit dreckigem Geschirr, Essensreste schimmelten vor sich hin. Mein Zimmer, das bei meiner Besichtigung vor zwei Wochen noch halbwegs passabel ausgesehen hatte, beherbergte nun lediglich einen überdimensionalen Haufen dreckiger Wäsche; genau an jenem Ort, wo in meiner Erinnerung das letzte Mal ein Bett gestanden hatte.

Während ich die Dinge innerlich sortierte, tauchte aus einem angrenzenden Zimmer eine blonde Frau auf, bekleidet nur mit einem riesigen Badetuch.
„Hi, I‘m Kelly. Nice to meet you.“
Ich schüttelte ihr die Hand (und innerlich noch meinen Kopf).
„Nice to meet you, too. I‘m Mischa.“
Tatsächlich war ich froh, eine Menschenseele hier zu erblicken. Göker aus dem zweiten Stock, ein Freund des Vermieters, hatte

mich hereingelassen, war aber bereits wieder verschwunden. Ich war ratlos. Kelly, die, wie sie erzählte, aus Amerika stammte, konnte mir allerdings wenig helfen. Sie erklärte, dass sie im Rahmen einer Weltreise nur für ein paar Wochen hier gewohnt hatte und bereits wieder auf dem Sprung sei. In wenigen Stunden würde ihr Flieger gehen.

Eine hilfreiche Information konnte sie mir aber doch mit auf den Weg geben: „I just wanted to take a shower but there's no water."

Perfekter hätte meine Ankunft in Istanbul nicht misslingen können. Die heiß ersehnte Dusche musste erstmal ausfallen, stattdessen rollte ich mich provisorisch auf einer schmalen Couch im Wohnraum zusammen und döste vor mich hin. Während ich langsam in einen Dämmerschlaf verfiel, registrierte ich, dass die Wohnungstür immer wieder auf und zu ging. Ich bekam das ungute Gefühl, dass die halbe Straße einen Schlüssel für die Wohnung besaß. Doch ich war zu müde, um zu gucken, wer genau auftauchte.

Als ich schließlich aus meinem Halbschlaf erwachte, stellte ich fest, dass es zumindest wieder Wasser gab. Nachdem ich das Prinzip der Dusche verstanden und mich geduscht hatte, blickte ich mich noch einmal in meinem Zimmer um. An der Wand hing ein unscheinbarer kleiner Zettel, den ich zuvor übersehen hatte. Darauf stand: „Sorry for the mess, I'll fix it tonight". Das konnte ich in diesem Moment nur hoffen. Ich verabschiedete Kelly und machte mich auf den Weg, die Gegend zu erkunden – begleitet von der Frage, warum um alles in der Welt ich mich für diese Bruchbude entschieden hatte.

Zugegeben, zwei Wochen zuvor hatte hier alles noch besser ausgesehen. Dennoch war diese Wohnung von den vier WGs,

die ich besucht hatte, jene, in der am meisten Renovierungsbedarf herrschte – und das will in der Türkei schon etwas heißen, denn Renovierungsbedarf herrscht fast überall. In diesem
Fall aber: Keine Heizung, morsche Decken und schimmelige
Wände. Es war wohl einfach der Charme, der mich überzeugte.
Es mag schwer nachzuvollziehen sein, aber trotz aller Defizi-
te besaß dieses Haus eine Seele. Man spürte die 150-jährige
Geschichte mit jedem Atemzug. Der Vermieter Emre erweckte
einen sehr freundlichen und offenen Eindruck. Er erzählte mir,
dass der griechische Botschafter hier mit seiner Familie gelebt
hatte. Der prunkvolle Stuck in den ersten beiden Stockwerken
deutete auf diese längst vergangenen Tage hin, und er beflügel-
te meine Phantasie. Was man aus diesem Haus alles machen
könnte… – das nötige Kleingeld und den langen Atem vor-
ausgesetzt. Genau in die Kerbe schlug Emre, der Architektur
studierte. Er und seine Freunde schickten sich nach seiner Aussage an, die Wohnungen nach und nach zu renovieren. Mein
erster Eindruck: Es würde sich spannend anfühlen; ungewohnt
unkonventionell in dieser lebendigen Umgebung. Nur hundert
Meter von der Haupteinkaufsstraße *İstiklal* entfernt war zudem
alles in kürzester Zeit zu erreichen.

Doch die Realität sah vierzehn Tage später anders aus. Das
Unterfangen von Emre & Co, das Chaos zu beseitigen, nahm
offensichtlich mehr Zeit in Anspruch, als geplant. Die Situation
hatte sich eher verschlimmert.

Dabei hatte sich der junge Mann mit dem unermüdlichen Lächeln vor zwei Wochen sehr ambitioniert gezeigt. Er hatte sich
eine Liste über alle Bewerber angelegt und hinter meinem Namen prangten zwei Plus-Zeichen. Das war zum einen in meiner Nationalität begründet. Er selbst war für einige Zeit in der

Bundesrepublik gewesen und plante nun Deutsche einzuquartieren, um die Sprache weiter zu lernen. Ein ehrbarer Gedanke, der sich allerdings kurz darauf in Luft auflösen würde. Zum anderen interessierte ich mich für den Online-Fußballmanager *Hattrick*, den auch sein Freund Göker (der mir aufgeschlossen hatte) spielte. Bei meiner Besichtigung fachsimpelten Göker und ich eine halbe Stunde über Taktiken und Transfers des schwedischen Spiels. Auch deshalb hatte ich mich trotz aller Vorbehalte ganz gut aufgehoben gefühlt. Mit freundlichen Menschen würde es sich auch in einer unfreundlichen Umgebung aushalten lassen, so die Theorie. Dennoch sollte ich bald darauf merken, dass es um Emres Vermieterqualitäten schlecht bestellt war.

İsveç Köfte & Billy

Beschwingt legen Yanık und ich die drei Etagen zurück, die unsere Wohnung von der *Ayhan-Işık-Straße* trennen. Das Erdgeschoss mit seinem bröckelnden Stuck an der Decke und den kaputten Lampen ist komplett zugestellt mit riesigen Wasserbehältern. Die Wasserhändler sind gerade dabei, einige der 20-Liter-Kolosse zu verladen. Mit einer kleinen metallenen Sackkarre strömen sie aus, um die wuchtigen Behältnisse in den umliegenden Gassen zu verteilen. Der Anblick erinnert an Ameisen, die emsig durch ihre Labyrinthe hindurchwuseln, ohne je die Orientierung zu verlieren. Eine Flasche kostet wenige Lira. Schwer vorstellbar, dass Menschen hiervon leben können. Wahrscheinlich macht es die Menge an Ungetümen aus, die die Händler verkaufen. Jeder ist angewiesen auf das abgepackte Wasser, denn das stark gechlorte Leitungswasser eignet sich nur zum Waschen und zum Duschen. Auch wir kaufen unser Wasser im Erdgeschoss ein und bekommen es dann in den vierten Stock geliefert. Wie lange ein Rücken das wohl aushält? Ich schiebe den Gedanken beiseite.

Yanık und ich treten auf die Straße. Ich schaue zu ihm. Er grinst. Yanık ist der einzige meiner drei Mitbewohner, den ich bislang näher kennengelernt habe. Er kommt aus Izmir und studiert Raumplanung in Istanbul. Auch ihn hat der Zufall in unsere WG gelotst und er nimmt das Chaos mit einer Mischung aus gespielter Gelassenheit und gespielter Empörung hin. „Ein fröhlicher kleiner Kerl, den man gern haben muss", denke ich. Die Ayhan-Işık-Straße, auf die wir treten, ist eher eine Gasse. Links von uns sitzen mehrere ältere Männer auf kleinen, abgewetzten Schemeln vor einem winzigen, heruntergekommenen Café, in dem noch mehr ältere Männer sitzen. Sie alle trinken Çay. Mein Mitbewohner und ich halten uns rechts. Wir passieren den Kiosk, an dem uns die Alte gleich beim ersten Einkauf übers Ohr gehauen hat. Dann kommt das kleine Lokal von Ramazan, meinem zweiten Mitbewohner. Wie Yanık ist auch er Türke, aber viel zu Gesicht bekommen habe ich ihn in den ersten Tagen nicht. Nun aber schaut der große Mann aus den Fenstern heraus und winkt uns freundlich zu. Yanık und ich winken zurück.

Wir passieren noch mehr Kioske und Imbisse. Einige Ladenbesitzer reinigen gerade den Gehweg vor ihrem Geschäft mit seifigem Wasser. Die Lauge schiebt sich in Zeitlupe über den porösen Asphalt. Die Nachtclubs zu unserer Rechten sind zu dieser Tageszeit geschlossen.
Nach 50 Metern erreichen wir schließlich die *İstiklal Caddesi*. Die İstiklal ist das Herz des Viertels. Es ist eine Einkaufsstra-

ße unglaublicher Dimensionen. Obwohl es noch nicht spät ist, sind bereits Tausende Menschen unterwegs, um auf der zwei Kilometer langen Straße einzukaufen. So gut es geht, kreuzen wir die İstiklal. Es ist wie in Frogger, diesem alten Computerspiel, wo ein Frosch eine Schnellstraße überqueren muss, ohne zerquetscht zu werden.

Schließlich haben wir es geschafft. Zwischen einer Großbaustelle und einer Moschee hindurch führt uns eine schmale und dunkle Gasse hinunter zu der Busstation an der *Tarlabaşı Caddesi*. Ich blicke auf die mehrspurige Straße, die so stark befahren ist, dass sie sich nur mit Hilfe einer Ampel überqueren lässt. Unendlich viele Linienbusse und Taxis quälen sich hoch in Richtung *Taksim-Platz*. Auf der anderen Straßenseite halten Yanık und ich Ausschau nach einem Bus, der uns unserem Ziel näher bringt. Im Sekundentakt halten die Gefährte, Menschen steigen aus und ein. Manch einer erreicht seinen Bus nur durch einen kleinen Sprung; die Fahrer setzen ihre Vehikel mit offenen Türen wieder in Bewegung.
Das Liniennetz der Stadt muss unüberschaubar groß sein. Busse mit Nummern wie *35C, 70KE* und *73* fahren vorbei. Zum Glück stehen die größeren Haltestellen auf einem kleinen Schild in der Frontscheibe. Wir nehmen einen der Busse, der in *Aksaray* hält. Unser Bus fährt die Tarlabaşı hinunter und überquert das Goldene Horn auf der Atatürk-Brücke. Der Verkehr ist dicht, aber er fließt. Eine Haltestelle liegt inmitten einer riesigen Unterführung. Rechts und links haben sich ausschließlich Händler angesiedelt, die Fahrräder verkaufen. Ich kann mich nicht erinnern, in den ersten Tagen in Istanbul einen einzigen Radfahrer gesehen zu haben. Falls trotzdem jemand auf die wahnwitzige Idee käme, eines kaufen zu wollen: Hier wäre er gut aufgehoben.

Wenige Minuten später erreichen wir Aksaray. „Aksaray“ heißt weißer Palast. Graues Nirgendwo würde es aber besser treffen. Das einzige was zu sehen ist, ist Verkehr. Wir steigen aus und laufen zur Metro. Ein großes Schild weist auf die Bauarbeiten für die Verlängerung der Metro-Linie unter dem Bosporus hindurch hin. Ein Jahrhundertprojekt.

Unterirdisch geht es für uns weiter. Nach einer Viertelstunde kommen wir in *Bayrampaşa* an. Schon aus der Ferne sehe ich das vorgelagerte blaue Gebäude mit den gelben Lettern: *IKEA*. Die Station von Bayrampaşa wirft uns aus. Wir stehen zunächst vor dem großen Einkaufszentrum, von dem Yanık gesprochen hat.

„Die Station hier wurde extra für das Einkaufszentrum gebaut“, meint Yanık.

Alles wirkt neu und groß. Wir müssen das Zentrum komplett durchqueren, um zu IKEA zu gelangen. Doch bevor wir die Mall überhaupt betreten dürfen, müssen wir durch eine Sicherheitsschleuse. Überall piept es, ich beginne nervös in meinen Taschen zu kramen. Wir werden abgenickt und durchgewunken. Alle anderen auch.

Vor uns liegt eine Treppe, an deren Seiten Klaviertasten aufgemalt sind. Beim Betreten der Stufen werden Töne abgespielt. Während Kinder ihren Spaß haben, ist die Kakophonie für mich und Yanık ein Grund, die Flucht zu ergreifen. Wir durchqueren das gesamte Zentrum. Die Hinweisschilder verweisen auf *Real, Saturn, Praktiker* und *Intersport*. Wären da nicht ab und an die kleineren türkischen Geschäfte, man könnte meinen, wir seien gerade in Deutschland.

Schließlich haben wir unser Ziel erreicht: IKEA. Abgesehen von einem weiteren Sicherheitscheck wirkt der Eingangsbereich sofort vertraut. Große Poster verweisen auf das kulinarische Angebot, nur die Namen sind andere: Köttbullar heißen hier *İsveç Köfte*.

Im ersten Stock beginnt der Rundgang. Couches, Regale, Leuchten und Küchenzeilen – „designed in Sweden". Während Yanık überlegt, wie und womit er seinen Schreibtisch zusammenbauen kann, begebe ich mich zu den Matratzen. Die ersten Nächte in meiner Wohnung haben mich spüren lassen, dass dies die erste größere Investition für mich sein wird. Nach einer Viertelstunde Probe liegen habe ich mich entschieden. 200 Lira kostet das Modell, das ich nehme. Damit ist es einen Tick teurer als in Deutschland. Meine Vorstellungen, was das Preisgefälle zwischen Deutschland und der Türkei betrifft, haben sich in den ersten Wochen in Anatolien sowieso pulverisiert.

Yanık und ich gucken weiter, lassen uns treiben zwischen *Billy* und *Lack*. Ich schaue nach hässlichen, aber praktischen Mülleimern und verweile bei Metallregalen, die nur 30 Lira kosten sollen.
Sonderlich viel ist nicht los an diesem Tag. Der größte Andrang besteht im Restaurant. Yanık schwärmt von Köttbullar respektive İsveç Köfte und so bestellen wir jeweils eine große Portion. Das Essen ist günstig und gut. Wäre Bayrampaşa nicht so weit entfernt, ich glaube, wir kämen jeden zweiten Tag hierher.

Nach unserer Mahlzeit kämpfen wir uns durch das Erdgeschoss mit seinen Unmengen an nützlichen und weniger nützlichen Gegenständen. Zehn Minuten überlegt Yanık hin und her, welche Wandhalterungen er für Lack haben will. Ich werfe derweil einen Blick auf die traurigen Pflanzen. Echtes Grün scheint hier nicht gefragt zu sein. Wenige Meter weiter bleiben die meisten Besucher an den Töpfen mit den Plastikblumen stehen

– und packen diese in rauen Mengen in ihre Einkaufswagen. Kurz darauf befinde ich mich bereits in der Lampenabteilung und versuche Yanık zu beraten, welches Modell am besten in sein Zimmer passt.

Mit vollen, blauen Einkaufstaschen verlassen wir das schwedische Möbelhaus und recht schnell zeigt sich, dass es eine Herausforderung werden wird, all die Gegenstände heil nach Hause zu transportieren. Der nächste Sicherheitscheck ist bereits zu erahnen. Wir haben noch einen langen Weg vor uns.

*„Auch ein perfektes Chaos
ist etwas Vollkommenes.“*
– Jean Genet

Home Sweet Home

Es dauerte ein paar Tage, bis ich herausgefunden hatte, wer meine festen drei Mitbewohner in der Ayhan-Işık-Straße Nummer 27, vierter Stock, waren. Das Kommen und Gehen fand nur langsam ein Ende. Übrig blieben Yanık, Ramazan und Alex. Während Yanık und ich unsere Zeit mit gemeinsamen Touren zu IKEA und ähnlichen Sehenswürdigkeiten füllten, stand Ramazan die meiste Zeit am Herd seines kleinen Köfte-Restaurants. Mit Alex dagegen hatte ich bis dato wenig Kontakt knüpfen können. Er erzählte mir, dass er an der *Charité* in Berlin Medizin studiere, und dass er für ein Jahr in Istanbul bleiben wolle. Sein Status in der Ayhan-Işık-Straße 27 war allerdings nicht so richtig geklärt. Einen Monat Zwischenmiete hatte er mit unserem Vermieter Emre zunächst ausgemacht, danach sollte jemand anders sein Zimmer beziehen.

Komischerweise gehörte Emre selbst nicht zu den Bewohnern. Obwohl er 14 Tage zuvor bei meinem Besuch gesagt hatte, dass auch er hier wohnen würde, war die WG mit vier Personen bereits voll. Abgesehen von unserem recht großen Wohnflur war in etwa so viel freier Platz vorhanden wie im Rest der Stadt: nämlich überhaupt keiner.

Wie sich herausstellte, war Emre nicht nur für unsere Wohnung zuständig, sondern verwaltete gleich alle vier Etagen des Hauses für die Besitzer, die mit ihm nach eigener Aussage im weiteren Sinne verwandt waren. Emre hatte bei seiner Suche nach Interessenten in den letzten Wochen offensichtlich so vielen Menschen eine Zusage gegeben, dass für ihn selbst kein fester Platz übrig blieb. Er tingelte zum Schlafen nun immer im Wechsel zwischen dem zweiten und dem vierten Stock. Manchmal blieb er bei seiner Familie, die irgendwo in einem entfernten Viertel Istanbuls wohnte.

Leider erzielte das „Projekt" Ayhan-Işık 27 in der Folgezeit wenig Fortschritte. Zumindest für unsere Wohnung fühlte sich Emre kaum zuständig. So machten sich Alex und ich selbst ans Werk, die Küche aufzuräumen. Neuartige Lebensformen mussten dabei das Feld räumen, vergammelte Lebensmittel der Vorbewohner wurden aus dem kleinen Uralt-Kühlschrank in großen Mengen entsorgt. Wie miserabel die hygienische Situation bis dato gewesen war, realisierte ich eines Morgens, als ich schlaftrunken aus meinem Zimmer kam. Auf den zweiten Blick nahm ich am Boden etwas Zappelndes wahr. Eine Maus war offensichtlich in eine Falle gelaufen. Ich hatte eine solche

Art Falle nie zuvor gesehen, die Maus klebte einfach darauf fest und konnte sich nicht mehr befreien. Emre musste diese Klebefalle am Vorabend ausgelegt haben. Nach kurzer Beratschlagung mit Yanık fiel mir nichts Besseres ein, als die Maus samt Falle zu nehmen und auf die Fensterbank zu setzen. Von dem Klebefilm ließ sie sich nicht mehr lösen und erschlagen wollte ich das Tier auch nicht. In diesem Fall würde sich wohl der Taubenschlag vor unserem Fenster zum ersten Mal bezahlt machen.

Auch an anderer Stelle wurde gekämpft: Ramazan und Alex nahmen sich eines Abends in einem Putzanfall unseres begehbaren Wandschrankes an. Dort hatte Emre allerhand Gerümpel angesammelt. Unmengen an Koffern und Klamotten waren so dicht aneinander geschmiegt, dass jeder Quadratzentimeter der Kammer ausgefüllt war. Emre war der Ansicht, dass man viele der Dinge noch gebrauchen könne. So hatte er einen kompletten Kühlschrank aufgehoben und in die Kammer verfrachtet. Zudem lagerte er dort diverse Sachen, die eigentlich in einem richtigen Zimmer besser aufgehoben gewesen wären. Doch dieses Zimmer gab es nicht, und so begannen meine Mitbewohner, gnadenlos kaputte Gegenstände und allerhand Zeug wegzuwerfen. Sie saugten und wischten, so gut es ging, aber es sollte das einzige Mal sein, dass ich Ramazan in der Wohnung mit einem Wischmop sah. Alex, Yanık und ich waren mittlerweile leicht desillusioniert, was unsere Wohnsituation anging, aber zumindest etwas sauberer wollten wir es haben. So würde sich vielleicht auch das Mäuseproblem in den Griff kriegen lassen.

Man könnte es als leicht kontraproduktiv bezeichnen, dass am nächsten Tag ein riesiger alter Fernseher und ein Computermonitor in unserer Wohnung standen. Nein vielmehr thronten sie dort. Wie aus dem Nichts war gigantischer Schrott aufgetaucht. Der Fernseher passte gerade so auf die Waschmaschine, und er versprühte dieselbe Aura wie einst der schwarze Monolith in *2001: Odyssee im Weltraum*. Stolz wie Oskar saß Emre auf unserem rosa Sessel daneben und grinste über das ganze Gesicht.

„Schau, ich habe diesen Fernseher und diesen Monitor auf dem Dachboden gefunden."

Ich fragte knapp: „Funktionieren sie denn?"

Er antwortete: „Nein, das nicht. Aber sie sind bestimmt sehr wertvoll. Mindestens 500 Euro. Antiiiik."

Beim letzten Wort hob er die Stimme.

Ich blickte noch einmal auf die kaputten 0-8-15-Geräte und schüttelte wieder einmal innerlich den Kopf.

„Nein, die sind nichts wert", sagte ich.

„Magst du sie denn?", wollte Emre wissen.

„Wenn ich ehrlich bin, nehmen sie nur Platz weg", entgegnete ich.

Augenblicklich verzogen sich seine Mundwinkel nach unten. Wie ich mir denken konnte, war Alex derselben Meinung. Was sollten wir auch mit einem riesigen kaputten Fernseher in unserer viel zu kleinen Wohnung? Statt Müll wegzuschaffen, hatte es sich Emre offensichtlich zur Aufgabe gemacht, neuen Unrat aufzutreiben.

Im Gegenzug nahm er leider immer wieder noch funktionierende Dinge mit sich. Offensichtlich fand eine rege Umgruppierung von Utensilien zwischen den verschiedenen Geschossen statt. Eines Morgens war unsere gemütliche Couch verschwunden, und an der gleichen Stelle stand nun als Couch-Ersatz ein gekipptes Regal aus Sperrholz. Für uns ein schlechter Tausch. Aber selbst das Regal verweilte nur einige Wochen an Ort und

Stelle, ehe es gegen eine kotzfarbene Schaumstoffcouch ausgetauscht wurde. Sukzessive waren wir an der untersten Stufe der Sitzmöbel-Skala angelangt.

Ein Schiff wird kommen

Kurz hinter dem Viertel *Gümüşsuyu* („Silberwasser") mit seinen zahlreichen Bankfilialen schmiegt sich das altehrwürdige *Inönü-Stadion* an den Hang. Links und rechts wird der in die Jahre gekommene Fußballtempel von *Beşiktaş Istanbul* wenig ästhetisch von zwei großen Straßen umsäumt. Einzig der oberhalb des Stadions gelegene *Maçka-Park* und der Blick auf den Bosporus entschädigen für die wirre Infrastruktur und die dichte Bebauung. Es ist einer dieser wenigen Plätze, an denen auch Normalsterbliche über den Bosporus schauen können, ohne ein Vermögen für den Blick bezahlen zu müssen. Von Gümüşsuyu aus lässt sich zudem ein Blick in das Stadion riskieren. Wenn Beşiktaş spielt, nehmen diese Sicht viele Fans in Anspruch. Dicht drängen sie sich an das Geländer, und Hunderte verfolgen von hier aus das Match, obwohl sie nur eines der Tore sehen können.
Doch wie zu erwarten ist das Stadion an diesem Vormittag friedlich leer.

Ich laufe den steilen Betonweg entlang des Stadions hinab. Vor mir liegt der Glockenturm des *Dolmabahçe-Palastes*. Am Einlass stehen die Touristen des Tages in einer endlos langen Reihe und warten, dass sie in den Palast gelassen werden.
Parallel zur stark befahrenen *Dolmabahçe Caddesi* setze ich meinen Weg fort. Busse und Taxis donnern an mir vorbei. Ein

streunender Hund blickt mich mit seinen großen Augen an. Ich blicke zurück. Im nächsten Moment trottet das große Tier neben mir her und wedelt freudig mit seinem Schwanz.

Zwischen den Mauern des Dolmabahçe-Palastes und dem hohen Metallzaun zu meiner Rechten patrouillieren Soldaten mit langen dunklen Mänteln und Stahlhelmen. Zackig präsentieren sie ihre Sturmgewehre. Auf der linken Seite der Straße beginnt eine Galerie mit großformatigen Fotografien von Kemal Atatürk. Neben einem Hund begleiten mich nun auch die glorifizierenden Portraits des Vaters der Nation.

Ich passiere einige Gebäude an der großen Straße. Die meisten von ihnen werden bewacht.

Nach zwanzig Minuten erreiche ich den Stadtteil *Beşiktaş*. Das Viertel hat dem Fußballverein mit den schwarz-weißen Trikots seinen Namen gegeben. Links blicke ich in eine sehr belebte Straße, aber wenn ich hinüber wollte, müsste ich eine Überführung nutzen, so dicht ist der Verkehr an dieser Stelle. Ich bleibe auf der rechten Seite. Wenige Meter weiter befindet sich der Fähranleger von Beşiktaş. Viele kleine Sitzbänke säumen den Vorplatz. Direkt daneben stehen steinerne Denkmäler und große Kanonen, die sicher irgendwann einmal auf Segelschiffen Dienst getan haben. Fast alle Bänke sind belegt, und während die Gischt an die Kaimauer prescht, versuchen ärmliche Frauen mit Kopftuch Rosen zu verkaufen. Immer wieder streifen sie um die Passanten herum und bleiben bei jedem Pärchen, das sie erspähen, für einen Moment stehen.

Mein Begleiter, der Hund, hat mich einige Minuten zuvor auf Höhe des Marine-Museums verlassen. Ich kaufe mir einen *Simit*, einen Sesamkringel, und setze mich auf die Kaimauer. Mein Blick schweift über den weitläufigen Bosporus. Das Ufer der asiatischen Seite ist gut zu erkennen. Bis hinüber zum *Kız Kulesi* und zum Hafen von Harem stehen die unzähligen Häuser *Üsküdars*. Die Dichte der Bebauung ist atemberaubend. Die Sonne scheint. Das Meer weht eine angenehme Brise in mein Gesicht.

Im Bosporus herrscht reges Treiben: Nicht weniger als zehn Schiffe schieben sich gleichzeitig durch die Meerenge. Die kleineren Pendelfähren müssen dabei aufpassen, dass sie von den riesigen Containerschiffen nicht zermalmt werden. Linkerhand von mir ist die erste Bosporusbrücke zu sehen, die Asien und Europa verbindet.

Ich seufze. Alles ist so groß hier. Und so trubelig. Wahnsinn. Bevor die nächste Rosenverkäuferin vor mir steht, um mich um mein Geld zu beten, stehe ich auf und setze meinen Weg fort. Es sind nur noch wenige Meter, dann erahne ich zum ersten Mal meine Universität. Ich sehe ein kleines Hinweisschild: *Bahçeşehir Üniversitesi.* Ich erinnere mich an das Schild. Ich habe es 14 Tage zuvor gesehen, als unsere Gruppe aus Sakarya in Istanbul zu Besuch gewesen ist. Damals ist der Bus nach links abgebogen, um Kurs auf die Bosporusbrücke zu nehmen. Dieses Mal laufe ich geradeaus. Es fällt mir schwer, inmitten des Ensembles aus unterschiedlichen Gebäuden die Universität auszumachen. Überall erkenne ich das Logo der Bahçeşehir-Universität wieder. Dennoch scheint der Eingang nicht im ersten größeren Haus zu sein. *Kütüphane* steht daran, aber ich habe keine Ahnung, was das bedeutet. Ich gehe nach rechts und stehe plötzlich zwischen einem Copyshop und einem weiteren Eingang. Alles sieht hier anders aus, als ich es erwartet habe. Das Foto auf der Internetseite der Universität zeigt ein großes, blau-verspiegeltes Gebäude, dessen Fassade dem Bosporus zugewandt ist. Hier sind tatsächlich nur unzählige Häuser zu sehen, die irgendwie miteinander verbunden sind. Alles wirkt eng und gedrängt. Zwischen den Gebäuden wuseln junge Leute umher.

Ich betrete den zweiten Eingang durch eine automatische Schiebetür und stehe vor mehreren Drehkreuzen und zwei Sicherheitsbeamten. Rechts ist ein kleiner Schalter. Ich frage nach.

„I'm Erasmus student. Can you help me, please? I want to go to the International Office."

Hilfsbereit bringt mich die Sicherheitsbeamtin durch die Drehkreuze, und wir passieren eine kleine Halle, die mit ihren Säulen und ihrem Glas wie eine Mischung aus einem antiken Innenhof und einem modernen Funktionsgebäude wirkt. Über unseren Köpfen hängen auf Höhe der ersten Etage viele verschiedene Flaggen. Die Wände sind gespickt mit Werbepostern und Flatscreens. Noch bevor ich mich wundern kann, erreichen wir das *International Office*. Die Bürowände sind aus Glas, so dass schon von außen mehrere Schreibtische auszumachen sind. Die Sicherheitsbeamtin läuft zurück, und ich betrete das große Büro. Bunt ist es hier. An den Wänden sind verschiedene Andenken aus den Ländern der Erde angepinnt. Flaggen, Ansichtskarten, kleine Geschenke.

Ich werde freundlich begrüßt. Wenige Sekunden später sitze ich an einem runden Tisch mit einigen der studentischen Hilfskräfte der Bahçeşehir-Universität. Sie stellen sich mir vor, aber es fällt mir schwer die Namen zu behalten. Sie klingen so anders. Und selbst beim Lernen von deutschen Namen habe ich meine Probleme.

In der Mitte des Tisches steht eine große Schale mit Bonbons. Zusätzlich bekomme ich einen Çay aus einem original Bahçeşehir-Pappbecher. Wirklich überall findet sich das blauweiße Logo. Nicht nur außerhalb der privaten Uni, auch auf dem Campus erweckt alles den Anschein, als wäre es mit dem Schriftzug verziert.

Am Tisch sitzt unter anderem eine Deutschtürkin. Sie heißt Arzu und beginnt ebenfalls ihr Erasmus-Studium. Sie sieht nett aus. Aber sie sagt, dass sie an der juristischen Fakultät sein wird. Daher vermute ich, dass sich unsere Wege nicht all zu oft kreuzen werden. Schade.

Lale, eine der studentischen Hilfskräfte, zeigt uns kurz darauf den Campus. Sie wirkt unmotiviert dabei. Wahrscheinlich hat sie den Campus schon so oft gesehen, dass sie ihn im Schlaf durchschreiten könnte, denn die Grundfläche ist nicht sonderlich groß. Aber auf mich wirkt das unübersichtliche Ensemble aus verschiedenen Ebenen und Gebäuden befremdlich. Überall kündigen große Schriftzüge an, in welchem Gebäude und in welcher Fakultät wir uns gerade befinden. Das Erdgeschoss meiner Fakultät zu durchqueren – ich studiere hier im *Department of Communication* – dauert allerdings kaum mehr als 20 Sekunden. Wie so vieles in Istanbul scheint auch die Universität nur gen Himmel gebaut worden zu sein.

Wir passieren einen Friseur und eine Bank-Filiale – beides inmitten des Gebäudes. Ich frage mich, wie viel die *Deniz-Bank* bezahlt hat, um hier exklusiv die Reichen von morgen bedienen zu können. Während Lale uns mit einer kurzen Geste auf die Computer-Arbeitsräume und den kleinen Kinosaal hinweist, fühle ich mich inzwischen wie auf einem Kreuzfahrtschiff: Bank, Friseur, Kino, Bistro. Schwer zu sagen, ob hier auch studiert wird. Vielleicht hängt mein Eindruck mit den wenigen Studenten zusammen, die mir begegnen. Semesterferien – klar, dass die Studis da eher auf dem Sonnendeck liegen.

So schnell die Führung begonnen hat, so schnell ist sie wieder vorbei. Nach Lales Aussage haben wir bereits im zweiten größeren Gebäude alles Relevante gesehen. Obwohl ich die Orientierung verloren habe, scheint die Universität wirklich nicht groß zu sein. Am reizvollsten, da bin ich mir sicher, ist der Ausblick von der Dachterrasse über den Bosporus.

Kurz darauf sind wir zurück im International Office. Immer noch ist mein Gefühl da, dass ich zwar freundlich aufgenommen werde, dass sich aber keiner so richtig für mich interessiert.

„Wo wohnst du? Im Studentenwohnheim?", werde ich gefragt.

„Nein, ich wohne in einer WG. In Taksim", antworte ich.

„Oh, wie hast du die gefunden?"

„Über das Internet", ergänze ich.

Ein kurzes Schweigen, dann ist das Thema bereits beendet. In mir wächst das Unbehagen. Ich beginne zu glauben, dass hier nicht sehr viele Studenten in eigenen Wohnungen wohnen. Entweder sind sie noch zu Hause untergebracht oder sie leben in den Studentenwohnheimen, die ich im Internet gesehen habe. Die Bahçeşehir-Universität hat eigene Wohnheime, aber die Preise von 350 Euro pro Monat und mehr halte ich für abenteuerlich – zumal im Inserat nicht einmal ersichtlich ist, ob man ein eigenes Zimmer erhalten würde.

So verabschiede ich mich bald darauf mit gemischten Gefühlen. Aber ich bin gespannt darauf, was mich erwarten wird.

„I tell kids to pursue their basketball dreams,
but I tell them to not let that be their only dream."
– Kareem Abdul-Jabbar

Der türkische Traum, ein Riese namens Durant und Kretzsche am Büffet

Airborne – passender als mit diesem Wort, das im Englischen den Zustand nach dem Abheben eines Flugzeuges bezeichnet, lässt sich das, was sich zwischen dem 28. August und dem 12. September 2010 in Istanbul sportlich abspielte, nicht beschreiben. Die Riesen dieser Welt hatten sich versammelt, um wie alle zwei Jahre die beste Basketball-Nation unter sich zu ermitteln. Einer von ihnen – namentlich Kevin Durant – würde ihnen allen die Show stehlen, aber das wusste zu Beginn des Turniers noch niemand. Wie jeher standen die USA im Fokus der Öffentlichkeit, obwohl sie ohne ihre großen Stars angereist waren. Auch die Türken rechneten sich als Gastgeber des Turniers einiges aus und träumten vom ganz großen Coup.

Ich hatte Basketball bis dato nur aus der Ferne verfolgt und meine grobe Vorstellung, worauf es bei dem Spiel ankommt, entstammte meinem Sportunterricht während der Schulzeit. Auf gut Glück hatte ich mich trotzdem für das Turnier um eine Presse-Akkreditierung bemüht. Im Auftrag der *Märkischen Allgemeinen Zeitung* wollte ich die Finalrunde verfolgen. Bei der MAZ hatte ich im Sommer ein Praktikum absolviert und in die Berichterstattung der meisten Sportarten hineingeschnuppert. Ich rechnete mir meine Chancen nicht sonderlich groß aus.

Umso überraschter war ich, als im Juli eine kurze E-Mail vom internationalen Basketballverband, der *FIBA*, kam, in der meinem Akkreditierungswunsch entsprochen wurde.

Unglücklicherweise scheiterte das deutsche Team ohne seinen Superstar Dirk Nowitzki bereits in der Vorrunde. Diese hatte es in der 500 Kilometer entfernten Universitätsstadt Kayseri ausgetragen. Da ich nur die Finalrunde besuchte, begann mein Abenteuer Basketball-WM daher zu einem Zeitpunkt, als es für die meisten Deutschen bereits zu Ende war.

Am ersten Tag der Finalrunde war der mächtige *Sinan-Erdem-Dome* in Istanbuls Südwesten nur spärlich besucht. Obwohl mit *Serbien – Kroatien* und *Spanien – Griechenland* zwei der spannendsten Achtelfinalbegegnungen ausgetragen wurden, blieben viele Plätze leer. Offensichtlich war das Fachpublikum in der Türkei überschaubar. Für Stimmung sorgten einzig die kleinen Fangruppen, die bunt gekleidet ihre Nation anfeuerten.

Das Bild änderte sich am nächsten Tag, als die Türkei ihr Achtelfinale gegen Frankreich bestritt. Die Arena verwandelte sich kurz vor Anpfiff des Spiels in ein Tollhaus. Das gesamte Rund war ein einziges rotes Meer, die Lautstärke kletterte in tinituserregende Höhen. Die Franzosen wurden von Anfang an bei jedem Ballbesitz gnadenlos ausgepfiffen.

Ich verfolgte das Geschehen aus der letzten Reihe der riesigen Pressetribüne hinter einem der Körbe. Sie bot hunderten Journalisten Platz und der Zugang wurde streng kontrolliert. Je nach Aufgabenbereich waren die Pressevertreter damit beschäftigt, akribisch die Spielereignisse zu notieren, bereits an ihrem Spielbericht zu schreiben oder einfach das Spiel zu verfolgen. Gegenüber früheren Zeiten muss sich der Zeitdruck um einiges erhöht haben: Fast jeder der Journalisten war von seinem Platz aus mit dem Internet verbunden, einige tickerten das Geschehen rund um die Welt. Nach jedem Viertel verteilten unzählige Freiwillige die aktualisierten Statistiken, altmodisch und charmant in Papierform. Vermutlich wurde der Fanatismus für Zahlen aus dem US-amerikanischen übernommen, wo jede noch so unbedeutende Kategorie statistisch ausgeleuchtet wird: „Die meisten abgefangenen Bälle, die Anzahl der Treffer aus der farbigen Zone oder die größte Führung des Matches", konnte ich lesen.

Das Geschehen auf dem Spielfeld gestaltete sich derweil eindeutig. Die Franzosen zeigten sich von der Kulisse äußert beeindruckt und wurden zu leichter Beute für die Gastgeber. Insbesondere der Publikumsliebling Hidayet Türkoglu erntete großen Applaus. Schließlich siegten die Türken, getragen von ihren Fans, deutlich.

Der gesamte Tross der Journalisten setzte sich unmittelbar nach dem Abpfiff in Bewegung in Richtung Katakomben. Dort fanden sich bereits wenige Minuten später die abgekämpften Spieler ein, um schwitzend und nach Atem ringend ihre Sicht der Dinge darzulegen. Das Gedränge um die besten Plätze war groß, viele Journalisten versuchten mit weit ausgestreckten Armen ein paar Wortfetzen in ihren Diktiergeräten aufzufangen. Gleichzeitig fand einen Raum weiter die Pressekonferenz statt, bei der zwei Spieler und die beiden Trainer Rede und Antwort standen. Dort ging es ungemein geordnet zu. Vielleicht war die extreme Klimaanlage schuld, aber große Szenen, wie sie gerne im Fernsehen ausgestrahlt werden, gab es nahezu keine. Selbst als der serbische Coach einige Tage später nach dem verlorenen Halbfinale gegen die Türken vehement die Trainingsbedingungen vor Ort anprangerte, nahmen die anwesenden Pressverteter dies mit stoischer Ruhe zur Kenntnis – business as usual. Auch wenn ein solches Turnier von seinen Emotionen lebt – und auch genau so im Fernsehen präsentiert wird – im für die Zuschauer unsichtbaren Bereich geht es überwiegend sehr professionell zu. Nicht selten kennen sich Reporter und Sportler, häufig geht es nur darum, den bereits bestehenden Eindruck des Journalisten durch passende Statements von Seiten der Aktiven bestätigt zu bekommen.

Im Anschluss an die Pressekonferenz machten sich die Pressevertreter ans Werk, um in den großen Arbeitsräumen ihre umfangreichen Spielberichte und Analysen fertigzustellen. Fast ausschließlich Männer saßen an meterlangen Tischen und fütterten ihre Laptops mit den neuesten Informationen. Dutzende Fotografen überspielten und bearbeiteten derweil ihre Bilder, mehrere Kameras jeweils im Werte eines Neuwagens neben sich liegend.

Mir erschlossen sich die Arbeitsabläufe nur teilweise. Ich hatte schließlich nicht die Aufgabe, tagesaktuell zu berichten. Die Vorstellung, das Jahr über durch die Welt zu reisen, um in kahlen und unterkühlten Katakomben den immerselben Abläufen zu folgen, schien mir wenig attraktiv. Umso mehr Verständnis hatte ich für die kleinen Dinge, die den Journalisten ihre Arbeit, wortwörtlich, versüßten. Obwohl es eine Cafeteria gab, in der sich jeder zu überhöhten Preisen versorgen konnte, gaben die Organisatoren auch kostenlose Snacks und Getränke aus – allerdings zu unregelmäßigen Zeiten. So begann ein beliebtes Spielchen: Wer gerade nichts Wichtiges zu tun hatte, lauerte vor dem Büffet herum – in der Hoffnung, dass dieses alsbald aufgefüllt würde. Sobald die Volunteers mit vollen Kartons in Sichtweite kamen, stürzten sich die ersten wie die Geier auf die pappigen Baguettes, die ungesunden Kekse und das frische

Obst. Binnen Minuten waren die Snacks vergriffen, und wer gerade wirklich beschäftigt gewesen war, hatte Pech gehabt und musst bis zur nächsten Raubtierfütterung warten.

Wie es nicht nur das Klischee so will, trinken Journalisten Unmengen an Kaffee. Allerdings stand beim Turnier nur Instantkaffee zur Verfügung, den sich die Journalisten selbst aufbrühen mussten. Trotzdem bereiteten sich die internationalen Pressevertreter das Getränk an meterlangen Tresen eifrig zu. Mitunter funktionierten die Heißwasserbehälter jedoch nicht richtig, und dann war die Hektik groß: Wie leben und arbeiten ohne frischen Kaffee?

Vor diesem Hintergrund spielte sich folgende Szene ab: Ich war gerade dabei, mir einen Kaffee der Geschmacksrichtung *French Vanilla* zuzubereiten, und hatte den einzigen noch funktionierenden Wasserbehälter entdeckt. Plötzlich hörte ich zu meiner Linken eine vertraute Stimme: „Da is keen heißes Wasser drin.“ Ich schaute zur Seite und erkannte Stefan Kretzschmer. Ratlos blickte sich der Hühne um. Instinktiv wollte ich dem ehemaligen Weltklasse-Handballer zuspielen, dass er sich in der Halle geirrt habe – hier laufe gerade die Basketball-WM. Doch dann fiel mir ein, dass er seit einiger Zeit für *Sport1* an der Seite von Frank Buschmann kommentiert. Offensichtlich auch beim Basketball. So begnügte ich mich damit, meinem Kollegen aus seiner misslichen Lage zu helfen: „Hier, da ist noch heißes Wasser drin.“ Ich deutete auf den letzten funktionierenden Behälter. Der Blondschopf bedankte sich und lächelte. Ich konnte mich gerade noch davon abhalten, nach einem Autogramm – oder einem gemeinsamen Foto – zu fragen und wahrte meine halbwegs professionelle Miene. Eine weitere Situation, in der ich hätte in Versuchung geführt werden können, ergab sich dann auch nicht. Ich glaube, Kretzsche war wegen

der deutschen Spiele gekommen, und da es ohne diese nichts
für ihn zu tun gab, reiste er ziemlich schnell wieder ab.

So oder so ähnlich liefen die Tage für mich ab: Spiel gucken,
Pressekonferenz verfolgen, Essen horten – und Menschen am
Kaffee-Büffet das Leben retten. Ich entwickelte in meinem
neuen Umfeld eine gewisse Routine, versuchte aber in erster
Linie nicht anderen Menschen, die wirklich arbeiteten, im Weg
herumzustehen.

Umso kurioser war eines Abends nach Spielende meine Begegnung mit jemandem, der wirklich etwas von der Sportart
versteht. Ich war bereits auf dem Weg nach Hause und trug
stolz meine Akkreditierung in der Gegend herum. (Es ist schon
merkwürdig, wie schnell man sich mit ein paar winzigen Privilegien auch privilegiert fühlt.) Gerade, als ich in die Tram
gestiegen war, blickte mich eine Frau, die offensichtlich auch
in der Halle gewesen war, neugierig von der Seite aus an. Sie
musterte meine Akkreditierung ein Weilchen, doch schließlich
sprach sie mich an – auf Deutsch.
„Sie schreiben also für die MAZ?“, wollte sie freundlich lä-
chelnd wissen.
„Ja, ich bin im Auftrag der MAZ hier“, antwortete ich verblüfft.
Ich war überrascht, dass sie die Märkische Allgemeine kannte,
die mit ihrer Auflage von rund 150.000 Exemplaren eher zu
den kleineren deutschen Tageszeitungen gehört.
Meine Verwunderung verflog, als sie stolz ergänzte: „Ich
komme aus Bestensee.“ – Bestensee liegt im Randbereich des
MAZ-Verbreitungsgebietes. Wie ich kurz darauf erfuhr war die
Dame nicht nur einfach so an Basketball interessiert. Sie hatte
sich zwar rein privat Urlaub genommen und Tickets für die
Achtelfinal- und Viertelfinalspiele gekauft, aber hauptamtlich

war sie bei einem Basketball-Landesverband beschäftigt. Sie hatte sich zwischen der Vorrunde und der Endrunde entscheiden müssen – und auf das falsche Pferd gesetzt. Genau wie ich war sie enttäuscht, dass die Deutschen den Einzug ins Achtelfinale verpasst hatten. Ich war froh, mich ein wenig mit jemandem über das Turnier unterhalten zu können. Wir tauschten unsere Eindrücke aus, dann verließ sie die Tram in Sultanahmet, um zu ihrem Hotel zu gelangen, während ich noch ein gutes Stück Weg vor mir hatte.

Im Verlaufe des Turniers, als sich die Türken überraschend bis ins Finale spielten, nahmen Zuschauer- und Medieninteresse merklich zu. Gegen Ende wurde es schwerer und schwerer kostenlose Baguettes und einen passablen Sitzplatz abzustauben. Zugleich gab es aber auch viele Journalisten, die wenig bis gar nichts mehr zu tun hatten. Die Berichterstattung in der deutschen Medienlandschaft beispielsweise war nach dem Ausscheiden des Nationalteams auf ein Minimum beschränkt worden, in anderen Ländern sah es ähnlich aus. So wurden *facebook & co* auf der Pressetribüne für all jene, die noch nicht abgereist waren, zu treuen Begleitern. Die türkischen Journalisten verfolgten mit Interesse parallel auf ihren Bildschirmen die türkischen Fußball-Begegnungen – Indiz dafür, welche Sportart im Land das weitaus höhere Ansehen genießt. Ein französischer Journalist skypte parallel zu einer Halbfinalbegegnung zwei Reihen vor mir ungeniert mit seiner Familie in der Heimat. Im Wechsel winkten Frau, Tochter und Baby dem Reporter zu und der winkte zurück. Ich konnte meinen Blick nicht von der hübschen Tochter abwenden. Im nächsten Moment stellte ich fest, dass es gut war, dass die Kamera nicht in die andere Richtung der Halle gerichtet war: Auf dem Hallenboden räkelte sich in der Viertelpause ein halbes Dutzend halb nackter russischer Tänzerinnen. Daran schien sich ansonsten niemand zu stören, wobei ich mich fragte, wie diese Freizügigkeit mit dem strengen Islam vereinbar war.

Natürlich gilt auch – oder gerade bei der Weltmeisterschaft einer amerikanischen Sportart – die Säkularisierung in der Türkei. Dennoch mutet es merkwürdig an, wenn in muslimisch geprägten Stadtteilen nahezu alle Frauen mit Kopftuch oder Burka durch die Öffentlichkeit laufen, während an dieser Stelle der weibliche Körper explizit begafft werden darf. Vielleicht lassen sich religiöse, moralische und sportliche Gedanken beziehungsweise Bedenken aber auch allesamt einem unterordnen: dem Kommerz. Mitunter mutete die Veranstaltung wie eine einzige riesige Werbepause an, in der Konzerne viel Geld investieren, um ihren Namen bestmöglich in die Gehirne der Zuschauer einzubrennen. In jeder noch so kleinen Unterbrechung turnten dauergrinsende Animateure durch die Gegend, um mit riesigen Luftdruck-Kanonen Werbepräsente ins Publikum zu feuern. Ich fragte mich, wie es mit Regressansprüchen aussähe, würde einer der Zuschauer von einem zusammengeknäuelten *Turkcell*-Shirt am Kopf getroffen.

Umso schöner, dass auch sportlich noch etwas passierte. Der Tag des Endspiels war gekommen. Am 12. September liefen die hoch favorisierten US-Amerikaner und die bravourös kämpfenden Türken im Sinan-Erdem-Dome auf, um noch einmal alles in die Waagschale zu werfen. Die USA hatten auf ihrem Weg ins Finale kaum Probleme gehabt, sie hatten jeden Gegner auf Distanz gehalten und alle Spiele gewonnen. Die Türkei hingegen musste mehrfach zittern, am meisten im Halbfinale als ein Rückstand gegen Serbien erst wenige Sekunden vor Ende in den Sieg umgemünzt werden konnte.

Doch an all dem konnte sich nun keiner mehr festhalten. Die Stimmung in der Halle war großartig, das Endspiel seit Tagen ausverkauft. Auf dem Schwarzmarkt wurden Unsummen für Karten gezahlt. Noch träumten die kühnsten Fans vom Titel im eigenen Land, aber die fachkundigeren unter den 15.000 Zuschauern ahnten wohl schon, dass die Amerikaner eine Nummer zu groß sein würden. Das personifizierte sich in dem Spieler mit der Nummer 5. Kevin Durant, in der NBA bei *Oklahoma City Thunder* aktiv, übernahm wie in den Begegnungen zuvor die Verantwortung für seine USA und spielte sich wieder einmal in einen Rausch. Mit schlafwandlerischer Sicherheit traf er aus allen Distanzen, und wenn er selbst nicht abschließen konnte, hatte er das Auge für den Mitspieler. Dabei agierte er auf dem Parkett fast unscheinbar, solange der Ball nicht bei ihm war. Wie ein Phantom war er kaum auszumachen, im nächsten Moment hatte er bereits die nächsten Punkte erzielt. Die großen Gesten, das Gehabe, die Show – sie alle waren weit entfernt. Waren die US-Dream-Teams früher Inbegriff von Zirkus, so spielte die anwesende Generation einen nahezu sachlichen Basketball – und einen äußerst effektiven.

Unterstützt von ihren Fans wehrten sich die Türken nach Leibeskräften, aber es hätte ihrer schon das Spiel ihres Lebens bedurft, um an diesem Abend eine Chance zu bekommen. So siegten die Amerikaner schließlich hochverdient mit 81:64 und die Enttäuschung auf Seiten der türkischen Anhänger hielt sich in Grenzen. Irgendwie hatte man wohl geahnt, dass das Erreichen des Finales bereits das Maximum gewesen war.
Damit ging auch für mich das Kapitel Basketball-WM zu Ende, ich schrieb abschließend einen Nachbericht für die MAZ. Meine Eindrücke von zehn Tagen Basketball spiegelten sich in rund 120 Zeilen wieder.

Schwerer Regen

Es regnet. Nein, es gießt. Zum ersten Mal überhaupt, seit ich in Istanbul bin. Mit einem schweren Seufzer blicke ich durch mein vergilbtes Fenster auf die Bauruine gegenüber. Die grüne Plane flattert im Wind. Von dem zerbrochenen Sims fallen schwere Tropfen herab. Ich öffne das Fenster. Mein Blick gleitet hinab auf die Ayhan-Işık-Straße. Überall haben sich Pfützen gebildet.

„Alles Gute zum Geburtstag, Mischa…", sage ich zu mir. Ich kann meine Trauer nicht vor mir selbst verstecken.
Ich denke an Clara. Und an Annalisa. Aber vor allem an Clara. An die beiden Mädels, die ich vor einer Woche zum Fähranleger in *Yenikapı* begleitet habe und die sich mit ihren großen Rucksäcken auf den Weg gemacht haben, um die Türkei zu erkunden. Viel habe ich nicht gehört. Ich habe eine ganze Zeit mit Clara telefoniert, als sie in Bergama gewesen sind. Sie seien bei einer Familie untergekommen, eine längere Geschichte. Das war's. Zumindest *sie* hat begeistert geklungen.
Dann hat sie gesagt: „…keine freien Plätze mehr im Bus nach Istanbul. Wegen *Bayram*, da sind alle unterwegs… Du verstehst das, oder? Wir feiern dann nach, ja?"
– Geburtstage können grausam sein.
Zum Glück bleibe ich an diesem Tag nicht ganz alleine mit mir selbst. Yanık und ich haben beschlossen, frühstücken zu gehen. Alex schließt sich uns an, ebenso Valeria, die für ein paar Nächte bei uns wohnt. Sie kommt aus Italien und ihr Englisch ist nicht besonders gut. Ich habe nicht herausfinden können, weshalb sie eigentlich bei uns wohnt.

Wir machen uns zu viert auf den Weg. An der Ecke Ayhan-Işık-Straße/İstiklal kaufe ich mir einen billigen, durchsichtigen Regenschirm für fünf Lira. Aber eigentlich bin ich schon nass. Wir laufen die İstiklal nach oben in Richtung Taksim-Platz. Alex wirkt leicht abwesend, ich grummel vor mich hin. All die bunten Geschäfte wirken heute trübe.
Yanık versucht die Stimmung aufzuheitern: „Come on, Mischa. It's your birthday!"
Aber meine Gedanken sind ganz woanders.
Das Wasser kann nicht abfließen. Nirgends gibt es eine Kanalisation für das Regenwasser. So bahnt sich der Niederschlag durch die Gassen und Straßen seinen langen Weg hinab zum Bosporus.

Wir sind verabredet. Mit Bea und Kathi. Die beiden Mädels studieren zusammen mit mir in Potsdam, und auch sie verbringen dieses Semester an der Bahçeşehir-Universität.
Etwas verloren sehen sie aus, wie sie vor dem *Starbuck's* am Taksim warten. Aber das mag an der allgemeinen Nässe liegen. Mittlerweile haben die Wolken alle Schleusen geöffnet. Yanık und Alex sind klitschnass. Wir laufen zu sechst in Richtung *Cihangir*. Die kleinen Gassen dort sehen nett aus.
„Hier wohnen Schauspieler", sagt Yanık.
Die Häuser wirken gepflegt. Sie müssen teuer sein. An einer Ecke steht eine kleine Moschee. Direkt davor sind Kioske und Geschäfte für Spirituosen. Istanbul versinkt im grauen Regen.
Wir erreichen das Café, von dem Yanık gesprochen hat. *Van Kahvaltı Evi* steht auf einer gelben Markise geschrieben.
Wir gehen hinein. Meine Brille beschlägt sofort – Blindflug. Doch wir haben Glück, ein Tisch ist noch frei und wir nehmen Platz. Es ist nicht kalt, aber die nassen Klamotten fühlen sich unangenehm an. Zum Glück bekommen wir kurz darauf einen

großen Çay. Dazu bestellen wir typisches Istanbuler Frühstück. Zumindest erklärt uns Yanık das. Einige Minuten vergehen, ehe die weißen Porzellanteller bei uns eintreffen. Darauf finden sich mehrere Sorten Käse, Nutella, Marmelade, Gurken, Tomaten und Oliven. Für acht Lira ein ziemlich fairer Deal.

„Noch typischer", sagt Yanık, „ist *Menemen*. Das ist wie Rührei, nur mit Tomaten und scharfem Paprika."

Wir essen und unterhalten uns. Es ist nett. Ich kann Clara vergessen und freue mich, dass ich nicht alleine bin an diesem Tag. Dass ich bereits ein paar Freunde gefunden habe. Oder zumindest Menschen, mit denen ich gerne meine Zeit verbringe.

„ ...in Beyoğlu hat alles angefangen... "
– Alexander Hacke

Beyoğlu oder eine Frage des Vertrauens

Wer einmal in Istanbul gewesen ist – oder es plant – der kommt um einen Stadtteil nicht herum: *Beyoğlu*. Dabei ist Beyoğlu nicht bloß ein Stadtteil. Es ist vielmehr eines von Istanbuls Zentren; vielleicht das wichtigste. Und es ist ein Mythos: Schlaraffenland, Modeshow und Vergnügungsviertel in einem. Hunderttausende kommen Tag für Tag in das Herz nach Beyoğlu, um Geld auszugeben. Die allermeisten von ihnen haben ein Ziel: die İstiklal. Auf der kilometerlangen Einkaufsmeile suchen sie nachmittags nach der neuesten Mode, ehe sie abends in angesagten Clubs in den Seitengassen verschwinden. Auch wenn seit einigen Jahren zahlreiche neue Einkaufszentren verstreut über die Metropole um die Gunst der Istanbuler buhlen, die İstiklal hat durch sie nichts an Attraktivität eingebüßt.

Schon bei meinem ersten Besuch der Einkaufsmeile, noch bevor ich selbst in unmittelbarer Nähe wohnte, hatte ich das Gewusel überwältigend gefunden – abschreckend und anziehend zugleich.

Es war jener schöne Sonntag Mitte August gewesen, an dem sich der gesamte Sprachkurs aus Sakarya auf touristische Entdeckungstour nach Istanbul begeben hatte. Brav hatten wir den *Topkapı-Palast*, die *Hagia Sophia* und die *Blaue Moschee* im alten Viertel der Stadt besucht. Obwohl anschließend einige den dringenden Wunsch nach Ruhe verspürt und auf die Rückkehr gedrängt hatten, war schließlich entschieden worden, noch ein paar Stunden in Beyoğlu zu verweilen. Da es zu dämmern angefangen hatte, wollten sich die Lehrer das Fastenbrechen an diesem Abend in Istanbul nicht entgehen lassen. Unser Busfahrer fand in der Nähe des Taksim-Platzes einen Parkplatz für den kleinen Bus, und wir bekamen drei Stunden.
Im Gänsemarsch setzte sich die Gruppe in Bewegung. Der Taksim-Platz beeindruckte mich beim allerersten Anblick kaum. Unentwegt fuhren Autos, Taxis und Busse im Kreis, womit sie dem Platz nicht viel mehr zusprachen als den Status einer überdimensionierten Verkehrsinsel. Für uns ging es einzig darum, im entscheidenden Moment nicht unter die Räder zu kommen. Direkt neben dem kahlen Platz erblickte ich die Statue, die an die Revolution von 1923 erinnerte. Unzählige Touristen waren dabei, das Denkmal für ihre verwackelten Erinnerungsfotos zu malträtieren. Von dem für Istanbuler Verhältnisse recht großzügigen Vorplatz wurden die Menschenmassen dann wie in einen Trichter hineingesogen. Hinter einem kleinen Knick ließ sich von einer Kuppe aus die erste Hälfte der Einkaufsmeile überblicken. Auch an diesem Sonntag schoben sich die Leute dicht an dicht voreinander her. Von hinten schienen immer neue

Menschen nachzuströmen. Das hektische Treiben elektrisierte mich sofort.

Nebeneinander herzulaufen war bei der Gruppengröße unmöglich und so fädelten wir uns in einer Art Perlenkette auf. Ich war noch ein wenig unentschlossen. Wir konnten die Zeit immerhin nutzen, wie wir wollten, und es erschien wenig spaßig, in einer solch großen Truppe umherzuirren. Aber keiner wagte so richtig, die Gruppe zu verlassen.

An der erstbesten Kreuzung fassten sich Clara und ich ein Herz und scherten aus dem Tross aus. Wir liefen in eine Seitengasse und konnten das erste Mal ein wenig durchatmen. Unmittelbar stellten wir fest: So voll und belebt die İstiklal ist, so schnell wird es zu den Seiten hin leerer. In den kleinen Gassen, die parallel zur Hauptstraße verlaufen, saßen viele Menschen zogen an einer Nargile und spielten *Tavla*, welches in Deutschland unter dem Namen Backgammon geläufig ist. Hier, auf den gepolsterten kleinen Bänken, schien die Zeit langsamer zu verstreichen.

Clara und ich, müde von all den Menschen und Eindrücken des Tages, entschieden uns, unsere Zeit in einer ruhigen Bar zu verbringen. Vor einem Lokal namens *Urban* überwucherten Grünpflanzen die schmale Gasse, und darunter waren Tische und Stühle einladend aufgebaut worden. Wir entschieden uns hierzubleiben und bestellten unser erstes Bier seit Wochen.

Trotz des ganzen Trubels fühlten wir, dass wir hier in Istanbul viel freier sein würden als in Sakarya. Keine getrennten Dormitories, keine Busse, die nach null Uhr nicht mehr fahren – und kein Alkoholverbot. Tatsächlich war in Istanbul der Ramadan überhaupt nicht spürbar, zumindest nicht in dieser europäisch geprägten Gegend. Nach einigen Gesprächen über Gott und die Welt und einem zweiten Bier war es bereits dunkel geworden und unsere Zeit fast um. Wir kreuzten auf unserem Weg zurück noch ein paar Mal die İstiklal und machten uns mit der Gruppe schließlich auf den Rückweg.

Dieser erster Tag war bei mir im Gedächtnis geblieben und doch kamen mir die Eindrücke meines Istanbul-Besuches mittlerweile reichlich weit weg vor.

Denn wer wiederkommt und sich nicht bloß Konsum und Genuss hingibt, der entdeckt schnell den sozialen Mikrokosmos der İstiklal. Dort, wo viele Menschen für ein paar Stunden hinkommen, um Geld auszugeben, dort sind auch schnell jene zu finden, die versuchen, von genau diesem Geld etwas abzubekommen. Dabei sind es weniger Taschendiebe, vor denen uns die Lehrer völlig überzogen gewarnt hatten. Eher versuchen die Ärmeren der Gesellschaft durch den Verkauf von allerlei Dingen zu (über-)leben. Mancher bietet nicht mehr als ein paar Bleistifte oder Lotterielose an. Häufig fragte ich mich beim Vorbeigehen, wo die Menschen, die hier tagsüber den ein oder anderen Lira verdienen, ihre Nächte verbringen.
Ich erfuhr, dass mancher von ihnen jeden Tag von der asiatischen Seite oder von den weit außerhalb liegenden europäischen Vierteln wie *Ataköy* oder *Sariyer* ins Zentrum pendelt und bis zu zwei Stunden unterwegs ist.

Doch genauso wurde mir klar, dass Beyoğlu für einige Menschen ihren Lebensraum darstellt. – Menschen aus unterschiedlichen sozialen und religiösen Schichten fanden sich hier eng beieinander wohnend wieder, von den wohlhabenden Türken und Ausländern in Cihangir über die Geringverdiener in *Kasımpaşa* bis hin zu den gläubigen Muslimen in *Tophane*. – Mitunter nur durch ein oder zwei Straßenzüge getrennt.

Die Unterschiede unter den Bewohnern der Kieze führen nicht selten zu Konflikten. So kam es im Herbst 2010 zu Angriffen auf Galeriebesitzer in der Gegend von Tophane. Konservative attackierten dort die Kunstinteressierten, weil sie die Gentrifizierung fürchteten. Eine solche hat beispielsweise in einem anderen Viertel von Beyoğlu schon eingesetzt: in *Tarlabaşı*. Dort, wo sich abends selbst Türken kaum hinwagen, wollen Investoren in wenigen Jahren einen Bezirk voller teurer Eigentumswohnungen aufbauen. Dazu kaufen sie die verfallenen schmalen Häuser auf, durchbrechen die Wände und lassen große Häuserkomplexe entstehen.

Ob Tarlabaşı, Cihangir oder Tophane – eines verbindet die Einwohner Istanbuls: Fast alle sind zugezogen. Das gilt ebenso für die anderen Stadtteile, aber gerade im seit jeher durch Europa beeinflussten Beyoğlu spürt man, dass die liberal eingestellten Ur-Istanbuler das Weite gesucht haben. Sie sind in den Süden nach Izmir und Antalya gegangen. Im Gegenzug sind in den letzten 50 Jahren Millionen Menschen aus Anatolien zugezogen, um in Istanbul ihr Glück zu suchen. So richtig hat niemand den Überblick behalten, die Angaben über Istanbuls Einwohnerzahl schwanken konstant zwischen 12 und 20 Millionen. Vor allem in den letzten 40 Jahren hat mit dem Bau der Bosporusbrücken und den dazugehörigen Autobahnen eine regelrechte Bevölkerungsexplosion eingesetzt.
Aufgrund des rasanten Wachstums der gesamten Stadt gehen die Meinungen über Istanbul weit auseinander: „Istanbul...? Ein Moloch!", aber auch „Istanbul – die schönste Stadt der Welt!"
Klar, das wirtschaftliche Wachstum und der damit einhergehende steigende Wohlstand lassen sich vor allem der heimlichen Hauptstadt am Bosporus zurechnen. Aber die Kosten

tragen die Pendler, die weite Wege auf sich nehmen müssen. – Und die Bewohner des Zentrums, denen es an Platz und an Ruhe mangelt.

Denn, worüber Einigkeit besteht: Istanbul ist eine ruhelose Stadt. Rund um die Uhr wird gearbeitet, gefeiert und gefahren. Und Beyoğlu steht hier an allererster Stelle. Der Verkehr, der sich durch die unterdimensionierten Straßen quält und zweimal täglich zur Rush Hour fast völlig zum Erliegen kommt, kann einen schon genug Nerven kosten. Hinzu kommen die unzähligen redenden, schreienden und telefonierenden Menschen. Verkäufer, die ihre Waren anbieten, versuchen sich gegenseitig zu übertönen, Restaurantbesitzer wollen Touristen in ihre Lokale locken und das konsequente Hupen der Taxifahrer gehört zum guten Umgangston. Mit anderen Worten: Lärm herrscht im Zentrum überall und jederzeit.

Um bei der konstanten Anspannung nicht umgehend einen Nervenzusammenbruch zu riskieren, ist es unerlässlich, sich Rückzugsorte zu schaffen. Dabei geht es nicht um Oasen der absoluten Entspannung, sondern vielmehr um Orte, an denen man durchatmen kann: versteckte Straßencafés; die *Prinzeninseln* bei Regen; die unzähligen Fähren, die 20 Minuten auf dem Bosporus der Realität entgleiten; oder schlicht die eigenen vier Wände. Auch wenn sich der ganze Stress der Stadt an diesen Orten nicht aufhalten lässt, er lässt sich zumindest für eine Weile ausblenden.

White Russian

Clara und ich laufen durch die kleine Gasse südlich der İstiklal. Es ist schon seit Längerem dunkel, aber hier leuchtet alles. Fortlaufend werden wir von allen Seiten angesprochen, ob wir nicht ein günstiges Bier trinken wollen: „Please, come in", flehen die Türsteher schon fast.
Doch inmitten all des Trubels wollen wir nicht verweilen.
Wir setzen unsere Suche fort nach einer etwas abgelegeneren Bar, in der es nicht zugeht wie in einem Taubenschlag. Hier tobt es wirklich, das Nachtleben Istanbuls. Links und rechts des schmalen Weges, an dem sich kaum zwei Menschen aneinander vorbeischieben können, stehen unzählige Tische vor den kleinen Kneipen. Sie sind fast alle besetzt. Fußball flimmert über die Flachbild-Fernseher, irgendwo spielt eine Kapelle.
„Sir, we have good prices. Come in, please!", werden wir bereits aufs Neue ermutigt. Wir ziehen weiter.
Immer wieder müssen wir warten und Leute passieren lassen. Vor allem Türken sind hier unterwegs, es sind wenig Ausländer zu sehen.
Aus einigen Kellern dröhnen Bässe nach oben, doch daran scheint sich hier niemand zu stören.

Am Ende einer kleinen Gasse werden wir unterhalb des Clubs *Peyote* fündig. In der Kneipe, die ein bisschen wie eine Bar in den Südstaaten der USA aussieht, ist wenig los. Wir bleiben draußen, wo wir auf kleinen Bänken sitzen können.
Die Preise sehen fair aus. Clara und ich bestellen jeweils einen White Russian. 10 Lira, das ist noch im Rahmen.
Es ist ein lauer Abend, einer von vielen. Jetzt wo Clara zu-

rück ist von ihrem Türkei-Trip mit Annalisa, sieht meine Welt schon wieder anders aus. Die bittere Nachricht, ohne die beiden feiern zu müssen, ist inzwischen verklungen. Manchmal ist es schwer, mit Clara ins Gespräch zu kommen, dann wirkt sie nicht sonderlich interessiert, aber heute sind wir auf einer Wellenlänge. Sie erzählt von Berlin, von ihrer Mitbewohnerin, die zu Besuch kommen wird. Und von ihrer Familie. Sogar Bilder hat sie dabei. Fotos von ihren Geschwistern. Und von sich. Eine Serie aus einem Passbildautomaten, in dem sie mit einer Freundin gewesen ist. Clara erzählt von ihren Eltern und von der kleinen Stadt, aus der sie kommt.

Ich höre zu. Und bin glücklich.

In der Gartenstadt

Mein Studium an der Bahçeşehir(„Gartenstadt")-Universität hatte mit einigen offiziellen Terminen begonnen. Neben einer Begrüßung der gut 50 Studierenden in der Aula, bei der wir eine schicke Powerpoint-Präsentation über die Aktivitäten der Hochschule zu sehen bekommen hatten, gab es einen Empfang auf der Dachterrasse des Hauptgebäudes. Während aus der Dunkelheit des Abends die Lichter der Stadt hervorstachen und den Bosporus erhellten, gab es Häppchen. Ich unterhielt mich mit Merve und Özge, die ich in meinem Seminar *Sociology of Journalism* kennengelernt hatte. Die beiden arbeiteten bei der Zeitung der Studierenden der Bahçeşehir-Universität. Sie fragten mich, ob ich nicht Lust hätte, einen Beitrag zu schreiben. Ich war mir nicht sicher. Auf der einen Seite hatte ich bereits so viele Dinge in Adapazarı und Istanbul gesehen und erlebt, auf der anderen Seite fiel es mir schwer, das Erlebte einzuordnen. Da war meine unbefriedigende Wohnsituation, das pulsierende Treiben der Stadt – und inzwischen das Studium, das mich nicht wirklich überzeugte.

Das Vorlesungsverzeichnis hatte großartig geklungen, selbst ein Seminar zum Sportjournalismus, meinem großen Ziel, tauchte darin auf. Doch es stellte sich heraus, dass das Verzeichnis für das gesamte Studium gedruckt worden war und eine Reihe der Seminare – darunter jenes zum Sportjournalismus – in meinem Semester nicht angeboten wurde. Ich entschied mich schließlich für fünf Kurse: Neben dem bereits erwähnten Sociology of Journalism belegte ich *History of Photography and Video, Narration in Media and Arts, Technology & Culture* und einen türkischen Sprachkurs für Fortgeschrittene. Damit war ich thematisch dicht an meinem Studium in Deutschland dran, zugleich waren die Seminare sehr theorielastig und über die Türkei würde ich eher wenig erfahren, hoben die Themen meist auf englischsprachige Literatur oder Filme ab.

Zugleich merkte ich zunehmend, dass die Sprache zu einem Problem werden würde. Ich wollte ursprünglich an einem PR- und Werbeseminar teilnehmen. Pünktlich hatte ich mich zu der ersten Einheit in einem Raum eingefunden, in dem bereits dutzende türkische Studierende warteten. Ich wurde neugierig gemustert. Als der Dozent schließlich erschien, begann er unmittelbar auf Türkisch zu reden. Nach einigen Minuten blickte er sich um und fragte, ob es internationale Studenten gäbe. Ich meldete mich. Wieder blickten alle auf mich. Er erklärte mir auf Englisch, dass dieser Kurs leider nur auf Türkisch stattfinden könne, das Unterrichtsmaterial ließe nichts anderes zu. Auch wenn mein Koordinator kurz zuvor Gegenteiliges behauptet hatte, akzeptierte ich die Aussage des Dozenten. Ich erhob mich. In diesem Moment brandete tosender Applaus auf. Peinlich berührt verließ ich den Raum. Dieser Moment – einer der wenigen, in denen ich mich als Ausländer nicht willkommen fühlte in der Türkei – hatte mir an meiner Universität nicht gerade einen Traumstart beschert.

Und so war mein Zögern auf die Frage von Merve und Özge auch eine Reaktion auf dieses Erlebnis. Während sich eine Arbeitsgemeinschaft der Universität voll für Erasmus-Partys und -Ausflüge einsetzte, fiel es mir schwer, im Alltag Kontakte zu den türkischen Studierenden zu knüpfen.

„Wer Großes will, muss sich zusammenraffen.“
— Johann Wolfgang von Goethe

100 Jahre Istanbul in drei Stunden

Istanbul ist wie ein Organismus mit Bluthochdruck. Ständig pulsiert das Leben am Anschlag.
Ich brauchte nicht lange, um dies zu verstehen. Zugleich aber gab mir die Metropole Rätsel auf. Während die historischen Stätten wie die beeindruckende Hagia Sophia oder der prächtige Dolmabahçe-Palast trotz unzähliger Touristen etwas Magisches ausstrahlten, so war das Alltagsleben von zahlreichen Unzulänglichkeiten geprägt. Auf der einen Seite der verblasste Glanz, der sich in überaus prachtvollen Bauten widerspiegelte, auf der anderen Seite die endlosen Hochhausviertel und die zigspurigen Schnellstraßen unserer Tage. Irgendwo dazwischen: die Menschen, die ihren Tätigkeiten nachgingen und ständig versuchten, von der Stadt nicht völlig verschluckt zu werden.

Dass Istanbul nicht immer so überdimensional und unstrukturiert gewesen war, davon konnte ich mich in einer Ausstellung im *Santral İstanbul* überzeugen. In einem alten Kraftwerk an der Spitze des Goldenen Horns, in dem riesige Siemens-Generatoren liebevoll restauriert worden waren, gab es einen modernen Anbau aus Glas und Beton, der als Ausstellungszentrum genutzt wurde. Auf mehreren Etagen waren Informationstafeln zum Thema *100 Jahre Istanbul* ausgestellt worden. Durch großformatige Fotografien von einfachen Fischerhütten, von den Palästen der letzten Sultane und von den historischen Vierteln auf europäischer Seite tauchte ich in eine Zeit ein, die sich höchstens noch erahnen ließ. Am Bosporus hatten viele Länder in prächtigen Holzhäusern ihre diplomatischen Vertretungen eröffnet, und in Beyoğlu herrschte offensichtlich bereits ein buntes, öffentliches Leben. Entlang des Bosporus, der an seinen Ufern noch reichlich Platz bot, schipperten die Fischer und machten sich auf die Suche nach ihrer Beute.

Der *Bahnhof Haydarpaşa* auf asiatischer Seite beispielsweise war auf Initiative des Deutschen Reiches gebaut worden, und er begründete den Startschuss für eine geplante Linie nach Bagdad. Es war die Zeit des Kolonialismus, des Prunks und des Protzes. Die Sultane hielten mit ihrem Reichtum nicht hinter dem Berg, sondern investierten in ihre prächtigen Paläste. Zugleich war das Leben der einfachen Fischer und Werftarbeiter beschwerlich.

Besonders beeindruckten mich die Fotografien der alten *Galatabrücke,* die in der zweiten Hälfte des 20. Jahrhunderts abgerissen und durch einen Neubau ersetzt worden war. Das Treiben erinnerte an Paris oder Berlin, mit den großen Uhren, den Männern mit Hüten und den nostalgisch anmutenden Reklametafeln. Nicht zuletzt in Beyoğlu, das damals noch in Teilen *Pera* hieß, taten sich jedoch früh die ersten infrastrukturellen

Probleme auf. Die einfache Holzbauweise führte immer wieder zu verheerenden Bränden, die ganze Straßenzüge ausradierten. Die Versicherungen weigerten sich irgendwann, dieses Risiko zu tragen, und so wurden Maßnahmen ergriffen: Es wurden detaillierte Stadtpläne für die Feuerwehr angefertigt, damit diese schneller zu einem Brandherd gelangen konnte, zudem wurden neue Häuser überwiegend in Steinbauweise errichtet.

Istanbul, das bereits zur Jahrhundertwende zum 20. Jahrhundert knapp eine Million Einwohner besaß und damit zu den wichtigsten Großstädten jener Zeit gehörte, entwickelte sich im Gegensatz zu Berlin oder Paris aber zunächst nicht weiter. Erst in den 1960er-Jahren setzte ein langsamer Zuzug aus den ländlichen Gebieten der Türkei ein, dafür beschleunigte sich diese Entwicklung danach rapide. Innerhalb von weniger als 40 Jahren explodierte die Stadt förmlich. Dabei bedingten sich Zuzug und Ausbau der Infrastruktur gegenseitig. Es wurde nötig, Straßen zu bauen, die erste Bosporus-Brücke wurde eröffnet, schließlich die zweite. So dehnte sich die Stadt gleichzeitig in alle Himmelsrichtungen aus. Dem Ansturm konnte nur mit sehr einfacher Bauweise und simpler Stadtplanung begegnet werden.

Heute rächt sich die kurzfristige Planung. Es gibt zu wenige Bahnlinien, die die Straßen entlasten könnten. Die wenigen Linien, die bedient werden, sind zu Stoßzeiten hoffnungslos überfüllt. Trotzdem herrscht auf allen Straßen Stau. Das Vorhaben, den Bosporus mit dem Auto zu überqueren, gleicht daher stets einem Abenteuer. Deshalb erfreuen sich die Fährlinien, die neben der nostalgischen Tram-Linie die älteste Fortbewegungsart der Stadt darstellen, großer Beliebtheit: Auf dem Wasser gibt es keinen Stau.

Besonders bedrückte mich, dass dem ungebremsten Zuzug viele Erholungs- und Ausgleichsflächen geopfert worden waren. Berlin beispielsweise ist umgeben von einem grünen Gürtel aus landwirtschaftlichen Nutzflächen und Wäldern. Es gibt die Havel und die Spree, diverse Seen und im Zentrum die großen Parks wie den *Humboldthain* oder den *Friedrichshain*.

Istanbul hat – nun, ja – den Bosporus. Aber sonst nichts. Nicht einmal Gärten haben die meisten Einwohner der Stadt. Die logische Konsequenz: Die Bevölkerungsdichte ist doppelt so hoch wie die von Berlin.

Ich erkannte nun anhand der vielen detaillierten Pläne und Zeichnungen, warum die Stadt auf mich so einen chaotischen Eindruck machte. Es war schlichtweg keine Zeit geblieben, die Dinge natürlich wachsen zu lassen. Menschen hatten sich einfach dort angesiedelt, wo Platz gewesen war, und dabei auch die letzten Wiesen bebaut.

Im untersten Stockwerk musste ich dann noch einmal schlucken, denn hier waren Wohnprojekte der Zukunft ausgestellt. In futuristischen Hochhäusern sollten Unternehmen und wohlhabende Bewohner untergebracht werden. Ganz unverhohlen war dabei auch das Konzept von *Gated Communities* – also abgeschlossenen und gesicherten Wohnkomplexen – ein Schwerpunkt. Die millionenschweren Wolkenkratzer widersprachen völlig dem, was diese Stadt meines Erachtens benötigte: Luft zum Atmen in Form von Freiflächen. Durch die vielen Hügel war es sowieso schon unmöglich, weiter als bis in das nächste Viertel zu blicken. Und wo immer man vom Zentrum der Stadt aus auch hinschaute: Es gab nichts zu sehen als Häuser – bis zum Horizont.

Yanık, der als angehender Stadt- und Raumplaner ebenfalls

äußerst interessiert durch die Ausstellung lief, erklärte mir, dass es bereits Pläne zum Bau einer dritten Brücke gäbe. Er zeigte mir auf einer Karte, dass dadurch vermutlich ein riesiges Waldareal vor den Toren Istanbul geopfert werden müsste. Die Stadt würde noch weiter wachsen, nach Norden hin. Bis zum Schwarzen Meer würden sich dann die Grenzen erstrecken und die Einwohnerzahl bei 20 Millionen und mehr liegen. Eindringlich versicherte mir Yanık, dass die Stadt aber bereits jetzt am Limit dessen angelangt war, was sich noch verwalten und planen ließ.

Mein Eindruck war, dass die Grenze längst überschritten worden war.

Adalar

Ich drehe den Kopf auf meiner Strandliege nach rechts. Mit geschlossenen Augen und einem Lächeln auf den Lippen liegen sie dort, meine drei Besucherinnen. Die Sonne scheint ihnen direkt ins Gesicht. Hinter uns ist die Brandung des Bosporus zu hören, hin und wieder machen die riesigen Möwen auf dem schmalen Kiesstrand lautstark auf sich aufmerksam.

Für Istanbuler Verhältnisse ist es unendlich ruhig hier draußen. Willkommen auf den Prinzeninseln, denke ich.

Die Mädels machen keine Anstalten, sich in naher Zukunft von ihren Liegen zu erheben. Warum sollten sie auch? Und so schweifen meine Gedanken davon. Ich erinnere mich an das Gespräch mit einem Bekannten, das ich an einem meiner letzten Abende in Deutschland geführt habe. Er zeigte sich so unglaublich begeistert von Istanbul, dass damals alle meine Bedenken wie mit einem Schlag verschwunden waren.

„Du musst auf die Prinzeninseln", hat er gesagt. „Voll fett!"
Das Gespräch kommt mir inzwischen unendlich weit weg vor.
Obwohl ich ihn in meiner Vorstellung noch immer direkt vor
mir stehen sehe, hat sich seit den letzten Juli-Tagen vieles ver-
ändert. Ich habe ein wenig Türkisch sprechen gelernt, ich ver-
suche mit der Kultur warm zu werden und ich kenne einige
Menschen hier. Aber alles dauert länger, als ich gehofft habe,
viel länger. Angekommen bin ich noch nicht.
Doch mit einem hat mein Bekannter recht behalten: mit der
Magie der Prinzeninseln.
Im Türkischen heißen sie schlicht *Adalar* – Inseln. Es gibt eigentlich neun von ihnen. Aber da nur vier der Inseln bewohnt
sind, werden auch nur diese auf der Hauptroute angefahren.
Wir sind auf *Kınalıada* gelandet, der kleinsten der vier großen
Inseln. Schon von der Fähre aus hat sich ausmachen lassen,
dass hier derzeit nicht viel los ist. An unzähligen Häusern sind
die Schotten bereits dichtgemacht worden. Der nahende Herbst
hinterlässt seine Spuren im Saisongeschäft Tourismus.

Sonst wären wir sicherlich auch nicht die einzigen, die sich
hier eine Strandliege gemietet hätten. Die übrigen weißen Liegen, die fein säuberlich gestapelt am Rand des kleinen Kies-
strandes stehen, lassen darauf schließen, dass hier zur Hochsaison wesentlich mehr Betrieb herrscht. Ein freundlicher älterer
Herr hat uns die Liegen vermietet. Er wartet nun darauf, ob
vielleicht unerwartet noch mehr Kundschaft kommt. Stoisch
sitzt er neben seinem Stapel mit Liegen. Auf der anderen Seite
der kleinen Straße, die hierher führt, steht ein etwas größeres
Gebäude. Daran hängt ein Schild: *Polis.* Doch auch die Polizei
scheint ein beschauliches Leben auf Kınalıada zu führen. Zwei
der Beamten haben sich auf einer Holzbank neben dem Eingang niedergelassen und rauchen.

Ich blicke erneut nachts rechts. Marielle blinzelt mir entgegen. Kurz darauf sind auch Tabea und Eli wieder ansprechbar. Wir verweilen noch einen Moment, bevor wir aufbrechen. Zum Abschied lassen wir uns vom Besitzer der Liegen vor dem Hintergrund des Istanbuler Festlandes fotografieren. Winzig erscheint von hier aus das enge Geflecht an Hochhäusern, welches sich entlang der Küste zieht. Und doch müssen es allein dort drüben Zehn-, vielleicht Hunderttausende sein. Auf den Inseln gilt ein anderer Maßstab.

Wir laufen ein Stück weit hinein in den Ort. Wir passieren kleine, asphaltierte Straßen, die sich an einen Hang schmiegen. Links und rechts von uns stehen kleinere und größere Holzhäuser, umsäumt von allerlei Grün. Der Anblick richtiger Gärten macht mich fast verrückt. Welch üppige Vegetation es in Istanbul gäbe, wenn nicht jeder Quadratmeter zugebaut wäre. Viele der Häuser sind weiß gestrichen, und sie versprühen den Charme vergangener Tage, in denen sich die Griechen hier niedergelassen haben.

Ich fühle mich an die kleinen Inseln von Venedig erinnert. Dort sind die Gebäude zwar anders konstruiert, aber auch dort ist es so unglaublich ruhig. Das liegt in erster Linie an einem Fahrverbot für Autos. Wer sich hier wie da fortbewegen will, der braucht ein Fahrrad oder ein Pferdegespann. Zum ersten Mal überhaupt verstehe ich, warum es in Istanbul Geschäfte gibt, die Fahrräder verkaufen. Alternativ lassen sich auch die guten alten Füße nutzen – auf den Inseln gilt nicht nur ein anderer Maßstab, sondern auch eine andere Zeitrechnung.

Eine Katze huscht an uns vorbei. Die Sonne steht bereits recht tief. Sie wirft einen goldenen Glanz auf die Dächer des Ortes. Wir kehren in das Zentrum zurück, welches sich kaum als solches ausmachen lässt. Einzig der Fähranleger und ein paar Restaurants und Geschäfte deuten darauf hin. Die Geschäfte verkaufen viel frisches Obst und Gemüse, aber die Produkte sind teurer als am Festland.

Wir begeben uns auf die Suche nach einem kleinen Lokal, in dem wir etwas essen können. Schnell stellen wir fest, dass einige der Restaurants geschlossen haben. Es scheint sich für sie außerhalb der Hauptsaison nicht zu rentieren. Obwohl wir uns nur einige hundert Meter vom Fähranleger entfernen, wandelt sich das Bild an Besiedelung schnell. Am Ende der einfachen Promenade stehen nur noch Wohnhäuser, aber fast alle von ihnen sind derzeit unbewohnt. Ich versuche mir vorzustellen, wie lang und einsam die Winter für die gut tausend Bewohner von Kınalıada werden können, aber es gelingt mir nicht so recht angesichts der 25°C, die wir noch immer haben.
Wir kehren zurück zum Zentrum und entscheiden uns für einen kleinen Imbiss. Wir bestellen Toast, das als Snack in Istanbul sehr beliebt ist.

Während wir warten, denke ich daran, dass es nicht der letzte Besuch bleiben wird. Meine Eltern haben sich bereits für den Herbst angekündigt, und Freunde von mir aus Berlin und Potsdam wollen ebenfalls den Weg auf sich nehmen, um ein paar Tage Istanbul zu erleben. So viel Glück wie Tabea, Eli und Marielle werden sie mit dem Wetter wohl nicht haben; Badewetter – und das Ende September.
Gut sehen sie aus, die drei in ihren luftigen Röcken und ihren Tops. Doch was in Deutschland zu dieser Jahreszeit üblich ist und noch deutlich kürzer geht ist in Istanbul eher die Ausnahme. Den ganzen Tag schon ziehen die Mädels die Blicke der türkischen Männer auf sich. Ich laufe ab und an ein paar Meter

hinter den dreien, um mich zu versichern, dass mich mein Eindruck nicht täuscht.

Ich behalte recht, die Köpfe der Männer drehen sich wie automatisch.

Der Kellner lässt auf sich warten. Fast eine halbe Stunde ist er jetzt weg. Die Stimmung droht zu kippen. Warum brauchen vier simple Toasts so lange? Wo doch niemand sonst zu bewirten ist?

Als wir schließlich unsere Toasts erhalten, lässt uns der herzhafte Hunger den Unmut über das lange Warten vergessen. Zudem treibt uns die Zeit an, wir wollen die nächste Fähre zurück in Richtung Festland nehmen. Ansonsten müssten wir zwei Stunden auf die nachfolgende Verbindung warten.

Eine Viertelstunde später stehen wir glücklich auf der weißgelben Fähre, deren Schornstein riesige schwarze Rußwolken in den Istanbuler Himmel bläst. Wir haben es geschafft. Doch obwohl die Plakette am Eingang deutlich über eintausend Sitzplätze ausweist, müssen wir stehen. Das Schiff ist randvoll. Es erweist sich jetzt als Nachteil, dass die Fähre die kleine Kınalıada als letztes angefahren hat. Offensichtlich sind die Inseln auch in der Nebensaison noch sehr gefragt. Ich will mir gar nicht vorstellen, wie es zur Hochsaison auf den Fähren aussieht.

Gerade als die Aussicht auf eine Dreiviertelstunde Fahrt im Stehen die Urlaubsstimmung zu drücken droht, geht eine kleine Tür am Bug des Schiffes auf. Wir treten mit einigen anderen Fahrgästen hindurch. Wir stehen nun wirklich fast ganz vorn, vor uns das Panorama der Stadt. Doch schon im nächsten Moment erschallen aufgebrachte Rufe von der Kommandobrücke.

Ich habe mir gerade einen schönen großen Poller ausgeguckt, doch unmittelbar darauf erscheint ein Bootsmann und macht uns unmissverständlich klar, dass wir hier nichts zu suchen haben. Wir kehren gemeinsam zurück in den engen, halboffenen Fahrgastraum.

Kurz darauf beginnt es zu regnen, nein zu gießen. Die rasend schnellen Wetterumschwünge sind typisch für die Stadt am Meer. Der Bosporus versinkt im Regen und wir sind mittendrin. Plötzlich bin ich froh, dass ich nicht draußen auf einem Poller sitze.

„Erfolg heißt, ein Konzert zu geben,
das in 100 Länder gleichzeitig übertragen wird."
– Tom Jones

Wie ich Campino durch Istanbul trug

Obwohl in zahllosen Clubs von Beyoğlu Abend für Abend Live-Musik erklingt, machen nicht viele westliche Rockbands Stop am Bosporus. Meist sind es türkische Musiker, die die Gäste unterhalten.

Umso erstaunter war ich, als ich im Oktober zufällig ein einzelnes verwaistes Plakat in einem Gässchen in Beyoğlu entdeckte, welches eine Band ankündigte, unter deren Namen ich mir ganz konkret etwas vorstellen konnte: *Die Toten Hosen*! Mein Herz schlug schneller. Eine der begehrtesten deutschen Bands würde ein Konzert ganz in der Nähe spielen. Da Tabea, Marielle und Eli nach wie vor zu Besuch waren, und wir allesamt die Düsseldorfer Punkrock-Legenden bislang nicht live erlebt hatten, war unsere Entscheidung schnell getroffen: Dieses Event durften wir uns nicht entgehen lassen. Wer konnte schon von sich behaupten, Die Toten Hosen in Istanbul gesehen zu haben? Wir fieberten dem Abend entgegen. Das Konzert war trotz des günstigen Preises von rund 40 Lira bei Veranstaltungsbeginn nicht einmal ausverkauft. Undenkbar in einer deutschen Großstadt.

Noch unglaublicher erschien die Location des Abends. Das *Bronx Pi Sahne* befand sich versteckt in einer kleinen Seitenstraße der großen İstiklal. Im ersten Stock gelegen, war der Rockschuppen kaum größer als ein deutscher Jugendclub. Doch die Türsteher waren von einem anderen Format. Glücklicherweise gerieten wir mit ihnen nicht in Diskussionen.

Wir schoben uns an der Schlange für die Abendkasse vorbei und bekamen einen fluoreszierenden Stempel verpasst. Das Innere war noch recht leer, es verliefen sich erst hundert Leute an dem fensterlosen Ort. Die Bühne ließ sich von zwei Seiten einsehen, kurioserweise aus zwei getrennten Räumen. Kaum einen halben Meter erhöht waren die Bühnenteile zusammengesetzt worden, hinter den Verstärken war das Bandlogo zu sehen. In diesem Moment erschien es mir zum ersten Mal realistisch, dass hier gleich Die Toten Hosen höchstselbst und nicht eine jugendliche Cover-Truppe auftreten würde.

Das Bronx Pi Sahne füllte sich langsam, es wurde überwiegend Deutsch gesprochen. Männer im fortgeschrittenen Alter mit *Fortuna-Düsseldorf*-Shirts arbeiteten an ihrem Bierbauch, halb so alte Fans präsentierten Stolz ihre *DTH*-Shirts. Einige von ihnen waren der Band auf deren Zentralasien-Tour hinterhergereist. Der Reisestress war ihnen nach Konzerten in Usbekistan und Kasachstan deutlich anzumerken. Auf der Toilette hörte ich, wie sich zwei von ihnen mit einer Grippe plagten, die sie sich eingefangen hatten. Ziemlich unpassende Medizin in Form von zwei Flaschen Bier trugen sie immerhin bei sich. Aber alle erwarteten den Abend in freudiger Erwartung, selbst die zwei konnten sich ein Lächeln abringen. Geschichten hätten sie bei ihrer Rückkehr nach Deutschland ganz sicher zu erzählen.

Und dann ging es los. Wie so viele hunderte Male zuvor betraten die Musiker die Bühne – in diesem Fall eben eine ziemlich kleine. Sänger Campino begrüßte das Publikum mit einem freundlichen „Merhaba, Istanbul" und nach den vertrauten Klängen von Ennio Morricones *Spiel mir das Lied vom Tod* erklangen die Riffs von *Strom*. In kürzester Zeit verwandelte sich das geduldige Publikum in ein wogendes Knäuel. 300 Menschen gerieten in Wallung, die verwegensten von ihnen pogten bereits vor der Bühne, die von weiter hinten kaum als solche auszumachen war. So ähnlich muss es sich angefühlt haben, als Die Toten Hosen in ihren Anfangsjahren das Jugendzentrum Essen und die Freizeitstätte Düsseldorf rockten. Nur das Repertoire hatte sich mittlerweile leicht verändert: Es folgten einige der neueren Songs, aber spätestens bei *Disko in Moskau* – immerhin Baujahr 1985 – ging es dann richtig rund. „Nasılsınız – Wie geht's?" rief der schon vor Schweiß triefende Campino in die Menge und die antwortete auf ihre Art: In dem sie noch wilder tanzte als zuvor.

Trotz meiner anfänglichen Skepsis wurde mir schnell klar, dass für die Düsseldorfer auch nach Millionen verkaufter Alben und unzähligen Auftritten bei riesigen Festivals Staralüren kein Thema waren. Was zählte, war die Bühne. *Azzurro* durfte ein textsicherer Fan von dort aus mitgrölen, anschließend riss sich Campino sein Shirt vom Leib. Den charismatischen Frontmann trieb es noch näher zu seinem Publikum. Von Konzertmüdigkeit keine Spur. Wagemutig stürzte sich der Sänger ins Publikum, um sich von hunderten Händen durch den kleinen Raum tragen zu lassen. Eine kleine Ewigkeit surfte er über die Köpfe der begeisterten Besucher hinweg. Schließlich hatte auch ich ein bisschen Campino über mir. Er hatte sich offensichtlich in den Kopf gesetzt, durch die winzige Eingangstür hindurch getragen zu werden, aber an diesem Punkt, ganz an der Seite, waren fast keine Zuschauer mehr. So kam es mir vor, als müsste ich den zwei Zentner schweren Koloss ganz alleine halten. Mein Rücken knackte, glücklicherweise ohne bleibenden Schaden. Aber schließlich war Campino durch die Tür, und im nächsten Moment stürmte er vom anderen Raum aus über die zweite offene Seite zurück auf die Bühne.

Mein Besuch aus Deutschland hatte sich in die etwas ruhigeren Gefilde zurückgezogen, ich versuchte derweil ein Foto von Campino mit meiner Handykamera zu machen. Ich fühlte mich wie ein Groupie, nach einigen Bier war ich zudem erstaunlich textsicher.

Irgendwann ging es dann zu Ende mit uns und der Band. Knapp zwei Stunden abendliches Work-Out hinterließen ihren Spuren, und nachdem die Band einige der verbliebenen Klassiker als Zugabe gespielt hatte, gingen die Lichter aus. Auf die Düsseldorfer wartete bereits der nächste Tour-Stopp: Jordanien.

„Bildung ist das, was übrigbleibt,
wenn der letzte Dollar weg ist. "

– Mark Twain

Bildung für die oberen 10.000

2009 schwappte eine Rolle des Protests durch Deutschlands Universitäten. Viele Studierende waren unzufrieden mit der Situation in Lehre und Wissenschaft. Unterbezahlte Dozenten, überfüllte Seminare und unbezahlbare Studiengebühren wollten sie nicht länger hinnehmen. Universitäten wurden bestreikt, Hörsäle besetzt, Demonstrationen organisiert. Auch wenn der Zuspruch keine ganz großen Dimensionen annahm und sich die Welle des Protests binnen einiger Monate merklich abschwächte, so konnten die Studierenden zumindest Teilerfolge erzielen. In meinem Studienort Potsdam wurde beispielsweise ein runder Tisch eingerichtet, als repressiv empfundene Anwesenheitslisten wurden abgeschafft.

Wehmütig dachte ich in diesem Moment an das zurück, was sich in Potsdam ein Jahr zuvor abgespielt hatte. Ich saß an diesem Mittwochmorgen in einem winzigen Seminarraum der Bahçeşehir-Universität von Istanbul und zählte die Deckenfliesen. Den Dozent war bemüht, seine Powerpoint-Präsentationen unfallfrei vorzutragen, die anwesenden Studenten konnten sich ein Gähnen nur gerade so verkneifen. Das Englisch des Dozenten war ausgezeichnet, aber er wiederholte nichts anderes als die Texte, die wir bereits gelesen hatten oder die wir gelesen haben sollten. Einen Unterschied machte das nicht – *Fark etmez.* Die Sprache seines Vortrags hatte er zu großen Teilen wortwörtlich aus den Originalen übernommen, ohne sie als Zitate zu kennzeichnen – aber wofür deutsche Minister schon mal aus dem Amt treten müssen, dafür interessierte sich hier niemand. Zwischendurch unterbrach der Dozent seinen Monolog, blickte ins Rund, und stellte fest, dass niemand eine Frage hatte.

Ich stellte mir in diesem Moment vor, wie die Studierenden in verschiedenen Universitäten in Deutschland Weihnachten 2009 in den Auditorien verbracht hatten und welcher Geist zu Beginn der Besetzungen im November geherrscht hatte. Von einer besseren und bezahlbaren Bildung für alle hatte man geträumt – und nach Jahren oder Jahrzehnten des Schweigens hatte man sich als Studierendenschaft wieder eine Stimme verschafft (wobei natürlich an dieser Stelle erwähnt sein muss, dass ein Teil der Studierenden in Deutschland diesen Protest abgelehnt hatte).

Nun saß ich also an einer der renommiertesten und teuersten Universitäten der Türkei und ignorierte die wenig erhellenden Ausführungen von vorne. Der kritische Geist, der Wille zur Veränderung, das Verlangen nach Aufklärung, das zumindest einem Teil des Lehr- und Lernverhältnisses in Deutschland innewohnt(e), war für mich an diesem Ort nicht zu spüren. Detailliert schienen Lebensentwürfe hier bereits geplant worden zu sein, und nichts zählte als der Abschluss; ein Abschluss als Eintrittskarte in die gut bezahlten Jobs des Landes. Ernüchterung machte sich bei mir nach nur wenigen Wochen breit.

Die Bahçeşehir-Universität, so hatte ich inzwischen das Gefühl, war ein Ort der Exklusivität. Exzellent am Bosporus gelegen, war man unter sich.

Das hatte seinen Preis. Die Studiengebühren betrugen viele tausend Euro pro Jahr. Nur die wirklich wohlhabenden Türken konnten es sich erlauben, eines oder sogar mehrere Kinder auf eine solche Hochschule zu schicken. Die Ausstattung, beispielsweise mit Technik, war zweifelsfrei gut, und auf den Kopf gefallen waren die meisten Dozentinnen und Dozenten, die ich kennenlernte, auch nicht. Eines meiner Seminare hatte ich beispielsweise bei einem Professor aus England, der seiner türkischen Frau einige Jahre zuvor nach Istanbul gefolgt war. Er hatte ein umfangreiches Wissen über die Geschichte der Medien und der Künste und er war gerne bereit, seine Studierenden an diesem Wissen teilhaben zu lassen.

Der Kern des Problems lag an ganz anderer Stelle: Da die Studienplätze in der Türkei anhand eines Rankings vergeben werden, in welchem die Schülerinnen und Schüler nach einem landesweiten Test eingeordnet werden, stehen die begehrten Studienplätze nur den Allerbegabtesten des Landes offen. Aber nicht nur die Wahl der Universität ist sehr eingeschränkt, auch das Studienfach kann anhand des Rankings (und anhand der Wahl der Schulfächer) mit beeinflusst werden. So finden sich Jahr für Jahr nicht wenige Studenten in Studiengängen wieder, mit denen sie kaum etwas anfangen können.
Die privaten Hochschulen haben dagegen eine gewisse Sonderrolle, da der Zugang zu ihnen durch die finanzielle Hürde erschwert wird. Nur wenige Absolventen, die bei dem Landestest sehr gut abgeschnitten haben, bekommen ein Stipendium und können sich für solch eine kostspielige Privat-Uni entscheiden.

Leider sahen sich meine Vorurteile gegenüber einer privaten Universität sehr schnell erfüllt. Wohin ich blickte, die Studentinnen trugen Pelze und waren ungemein aufgebrezelt, und die

Studenten präsentierten Uhren und Designer-Hemden. Natürlich traf dies nicht auf alle von ihnen zu, aber ein gewisses Selbstverständnis war nicht zu leugnen. Im Hof parkten zweihundert teure Autos, auf Flachbildschirmen im Uni-Gebäude flimmerten die aktuellen Börsenkurse. Eine Tafel verwies auf die Kooperationspartner der Hochschule, die Dutzende Firmen wie *Microsoft* und *Turkcell* umfasste.

Dabei waren es nicht allein das Zur-Schau-Stellen oder die Wirtschaftsnähe, die mich schon nach wenigen Wochen so störten. Viel schwerwiegender als das Auftreten war das fehlende kritische Bewusstsein vieler Studenten für ihr Fach. Ein Stück weit war das aber auch dem verschulten System geschuldet: An Eigeninitiative mangelte es nicht zuletzt, weil die Anzahl an Leistungsüberprüfungen ungemein hoch war. Die Liste an Klausuren, Tests, Präsentationen und schriftlichen Arbeiten war sehr lang. Zudem wurde von den Studierenden erwartet, dass sie sich – quasi für ihre Lebensläufe – in zusätzlichen studentischen Clubs organisierten und dort Theater spielten oder an Elektroautos forschten.

Ein großes Problem für mich war zudem, dass die Bahçeşehir-Universität sich als international orientierte Hochschule gab, während das Denken an anderer Stelle so begrenzt war. Gerne wurden Fotos abgedruckt, auf denen Barack Obama Studierenden der Bahçeşehir die Hände schüttelte. Doch Anspruch und Realität klafften weit auseinander: Eigentlich sollten die Seminare auf Englisch stattfinden. Tatsächlich hatten die meisten Studierenden in meinen Kursen solch große Probleme mit dem Englischen, dass ich mir nicht vorstellen konnte, wie sie von den Seminaren profitieren würden.

Kannst du schwimmen?

Zu einem Lächeln kann ich mich nicht zwingen, als ich Sergio und Clara am Taksim treffe. Es regnet, mir ist kalt und ich verstehe nicht, wie sie in ihrem winzigen Zimmer einen Spanier beherbergen kann. Ausgerechnet jenen Erasmus-Teilnehmer, der in Sakarya mit allen Mädels geflirtet hat und auch ein Auge auf Clara geworfen hat.
Unsere Begrüßung fällt kurz aus.

Wir steigen gemeinsam in den *Bus Nummer 559* nach *Rumeli Hisarüstü*. Wir wollen zu Roos, die viel weiter im Norden wohnt, um dort mit einigen Sprachkurs-Leuten das EM-Qualifikationsspiel zwischen Deutschland und der Türkei zu gucken. Die Scheiben sind beschlagen. Sergio setzt sich neben Clara, ich mich in die Reihe dahinter. Ein kleiner Stich. Schnell füllt sich das Gefährt. Ich blicke in Richtung des Kassierers, der neben der Eingangstür wartet. Ich lege mir im Kopf einen Satz zu recht, wie ich nach unserer Haltestelle fragen kann. Doch die Wörter ergeben keinen Sinn. Ich verwerfe den Gedanken. Mir fehlt der Mut.

Innerhalb weniger Minuten ist der Bus voll. Ich bin froh, nicht stehen zu müssen, das Gedränge ist groß. An einer Brücke lassen sich die Türen nicht mehr schließen, weil immer neue Fahrgäste einsteigen wollen. Irgendwann gibt der Fahrer entnervt auf und fährt einfach an. Wütende Rufe sind für einen Moment zu vernehmen. Menschen springen vom Trittbrett herunter. Dann wird es wieder ruhig. Einzig das monotone Geräusch des Motors und das unentwegte Aufschlagen der Tropfen auf dem

Dach liegen in der Luft. Kurz darauf verstummt auch der Motor – der Bus steht wieder einmal in einem Stau.

Es ist wenig zu sehen durch die beschlagenen Scheiben. Eifrig wische ich mit meiner Jacke darüber, und für ein paar Augenblicke kann ich in der Dunkelheit Lichter ausmachen; Lichter von nagelneuen Hochhäusern, Lichter von kleinen, gemütlichen Restaurants und Lichter von Autohäusern mit Luxuskarossen. Wir fahren durch wohlhabendere Viertel. Es sieht hier anders aus als in Beyoğlu. Es sieht nach Geld aus.

Nach einer gefühlten Ewigkeit hat sich der Bus ein Stück weit geleert, und ich nehme meinen Mut zusammen, den Fahrer nach der Haltestelle der *Boğaziçi-Universität* zu fragen. Vielsagend lächelt er.

„Die haben wir gerade passiert."

Zum Glück hält der Bus kurz darauf erneut. Wir laufen den Hügel hinauf, den wir gerade erst heruntergefahren sind. Noch immer regnet es. Ein klein bisschen mehr Platz gibt es hier auf den Straßen, aber nicht sonderlich viel dafür, dass wir uns eine Stunde vom Zentrum entfernt haben.

Das kleine Lokal, in dem wir verabredet sind, finden wir auf Anhieb. Wir treten ein. Es gibt ein großes Hallo. Annalisa ist da. Und Sonja. Auch Roos und Constantin sitzen bereits am Tisch. Doch im Gegensatz zu der ausgelassen Stimmung bei den Anwesenden, die offensichtlich aus einigen Bier resultiert, ist mir nicht nach Feiern zumute. Die klammen Klamotten schmiegen sich unangenehm an meinen Körper. Ich bestelle einen gemischten Salat und ein Bier.

Am Kopf des freundlichen Gastraumes hängt der Fernseher. Viele Gäste haben sich versammelt und blicken nun mehr oder weniger interessiert in Richtung des Gerätes. Die beiden Nationalmannschaften betreten gerade das Feld.

Ich schaufele den *Akdeniz*-Salat in mich hinein und verfolge das Geschehen. Die Deutschen haben das Spiel im Berliner Olympiastadion im Griff, nur das erste Tor will nicht fallen. Viel mehr Sorge aber bereitet mir das TV-Signal, das wiederholt für einige Momente abbricht. Die starken Regenfälle sorgen für Aussetzer, mitunter kommen nur einzelne Pixel aus Deutschland bei uns an. Der Wirt ist redlich bemüht, das Problem in den Griff zu bekommen, wieder und wieder schaltet er hin und her, doch wirklichen Einfluss hat er nicht.

Glücklicherweise sind Bild und Ton da, als Miroslav Klose kurz vor der Halbzeit zum 1:0 trifft. Während unser Tisch in kollektiven Jubel ausbricht, sind die übrigen Gäste des Restaurants enttäuscht. Sie haben sich mehr ausgerechnet für ihr Team.

Am Ende gewinnt Deutschland hochverdient mit 3:0, selbst Özil hat getroffen. Ich frage mich, ob das seiner Beliebtheit in der Türkei schaden wird, jetzt, wo er gegen sein eigenes Herkunftsland ein Tor erzielt hat.

Doch schon wenige Minuten nach dem Spiel scheint der Fußball hier komplett vergessen. Man widmet sich seinem Wein oder seinem Bier und angeregte Gespräche werden fortgesetzt. Ich suche Augenkontakt zu Clara.

Kurz darauf stehen wir vor der überdachten Eingangstür. Ich hole aus meiner Innentasche eine Schachtel Zigaretten hervor. Sie tragen den schönen Namen *2001*. Immer, wenn ich die Schachtel sehe, muss ich an Stanley Kubrick denken. Ich weiß nicht, ob ich wegen Clara rauche, auf jeden Fall rauche ich seit ihr.

Wir stecken uns jeder eine Zigarette an. Wie ein dichter Schleier zieht der Regen an den riesigen Straßenlaternen vorbei. Ich wünschte, ich könnte den ganzen Abend hier bleiben, in diesem Lokal, und müsste nicht mehr hinaus in die Nacht. Ich blicke Clara an. Vergessen ist Sergio, der irgendwo drinnen sitzt. Ich glaube, ich habe sie falsch eingeschätzt. Wir rücken ein Stück näher in der Kälte. Ich ziehe an meiner Kippe. Das Grigortin betäubt mich. Ich nehme Clara in den Arm und schweigend blicken wir hinaus auf die abschüssige Straße, die inzwischen zu einem Fluss geworden ist. Ich wünschte, der Moment würde nie vergehen.

Doch es wird kalt und wir gehen zurück hinein.

„Arbeit gibt uns mehr als den Lebensunterhalt,

sie gibt uns das Leben.“

– Henry Ford

Mein Mitbewohner Ramazan

Die Probleme mit meiner Wohnung nahmen angesichts des bevorstehenden Herbstes bedrohliche Ausmaße an. An jenem Abend, an dem Deutschland gegen die Türkei gewann, musste ich nach meiner Rückkehr zur Kenntnis nehmen, dass das Dach undicht war. Auf meiner Matratze hatte sich bereits ein riesiger Wasserfleck gebildet, es tropfte durch das morsche Holz mitten in mein Zimmer hinein. Ich war wütend und zugleich machtlos. Mir blieb nichts anderes übrig, als die Matratze umzudrehen und das Bett einige Meter zu verrücken. Emre versprach mir am nächsten Tag, sich des Problems anzunehmen.
Es dauerte eine ganze Zeit, bis das Dach repariert wurde.

Wer gedacht hätte, dass wir zu diesem Zeitpunkt bereits alle erdenklichen Probleme in unserer Wohnung gehabt hatten, der irrte. Die Klospülung funktionierte nicht richtig und ging dann vollends kaputt. Wochenlang spülten wir mit einem Eimer, ehe eine Reparatur halbwegs Besserung brachte. Die Waschmaschine gab ihren Geist auf, als Emre versuchte, dreckige Decken mit zu viel Waschpulver zu reinigen (Wohnte er zu dieser Zeit also doch irgendwie bei uns?). Mehr als einen Monat warteten wir auf Ersatz. Das Internet war äußerst langsam, weil sich aus Gründen der Kostenersparnis das gesamte Haus dieselbe Leitung teilte: Bei einem Dutzend junger Menschen, darunter einige downloadsüchtige Nachbarn, wäre es zeitweise einfacher gewesen Einsen und Nullen mit Papier und Bleistift zu übertragen... Mitunter wurden Internet, Strom oder Wasser aber gleich ganz abgestellt, weil Emre es versäumt hatte, fällige Rechnungen zu begleichen.

Mehr als einmal überlegte ich, mir eine neue Bleibe zu suchen. Aber die Aussicht mitten im Herbst und im laufenden Semester auf Wohnungssuche gehen zu müssen, ließ mich ausharren. Vor allem meine Mitbewohner waren mir inzwischen ans Herz gewachsen. Während Yanık sich meistens gelassen gab und Alex versuchte, die Probleme selbst in die Hand zu nehmen, war Ramazan praktisch nie zu Hause. Und wenn er zu Hause war, dann war es meistens später Abend und er konnte trotz des Lärms in der Umgebung sofort schlafen. Bei der Betrachtung eines typischen Arbeitstages des 41-Jährigen kein Wunder:

Noch vor wenigen Minuten hatte das kleine Lokal von Ramazan leer und friedlich gewirkt, doch nun war der allmittägliche Irrsinn entbrannt. An genau vier winzigen Tischen tummelten sich Gäste und überboten sich gegenseitig darin, es am eiligsten zu haben. Ramazan versuchte gerade gleichzeitig eine Wasserpackung aus dem Kühlschrank hervorzuholen, ein Telefongespräch zu führen und seine Kunden zu besänftigen. Am Hörer war derselbe Anrufer, der erst vor fünf Minuten seine Bestellung aufgegeben hatte. Er wollte sich erkundigen, wo sein Essen bliebe. Ramazan, der sich den Hörer unters Ohr geklemmt hatte und noch immer nach dem Wasser fingerte, meinte nur: „Kommt sofort". Derweil brutzelten auf dem Grill kleine Hackfleischstreifen vor sich hin und warteten darauf, gewendet zu werden. *Köfte*, wie die Hackfleischstreifen heißen, werden in der türkischen Küche häufig zubereitet und erhalten ihren Reiz durch eine dezente, aber ausgeklügelte Würzung und ein exaktes Mischverhältnis von Kalbs- und Lammfleisch. Ramazans einziger Mitarbeiter an diesem Tag war bereits vor einer geraumen Zeit verschwunden, um eine Lieferung zuzustellen – zu Fuß versteht sich.

Service wird in der Türkei groß geschrieben, jedes noch so kleine Lokal hat einen eigenen Lieferservice, und die Klientel macht regen Gebrauch von der bequemen Lieferung frei Haus. Überall in der Stadt sieht man Lieferanten der *Lokantas*, die ihre Mahlzeiten auf Tabletts durch die Gegend balancieren.
Ramazan hielt schließlich eine Packung Wasser in den Händen. Den Anrufer hatte er erfolgreich vertröstet. Er kehrte hinter seinen angestammten Tresen zurück, eine winzige Fläche mit einem kleinen Grill.
Das Lokal ganz in der Nähe zur İstiklal erweckte den Anschein, als sei ein bisschen die Zeit stehen geblieben. Die winzigen Tische und Hocker aus dunklem Holz waren noch immer dieselben wie vor gut 40 Jahren, als der Vater von Ramazan das Restaurant eröffnet hatte. An den gekachelten Wänden hingen einige Urkunden und ein paar Aushänge mit arabischen

Schriftzeichen. Von der Decke strahlten kühle Neonlampen, die Fenster waren meist vom Dunst beschlagen.

Dennoch hatte das Lokal etwas Gemütliches. Dies ging in erster Linie von der freundlichen Art aus, mit der Ramazan alle Kunden begrüßte. Egal ob Malermeister, Anzugträger, Polizeibeamter oder Alkoholiker, jeder Gast war hier willkommen. Nur manchmal kam es vor, dass der stolze Inhaber einen allzu abgestürzten Kunden nach draußen bat – er möge doch wiederkommen, wenn er wieder „gut rieche". In unserem Viertel kam dies nicht eben selten vor. In dem merkwürdigen Gemenge aus teuren Geschäften, Spelunken, Kiosken und Nachtklubs verkehrten alle möglichen Gestalten.

Höflich und fleißig war Ramazan um die Zufriedenheit seiner Gäste bemüht. Nicht immer waren diese so schwierig zufrieden zu stellen, wie an jenem Mittag. Meistens waren nur einzelne Kunden im Geschäft und schlürften eine Suppe. Viele von ihnen kamen mehrmals die Woche, die Stammgäste machten den Großteil von Ramazans Klientel aus.

Die Speisekarte seines Lokals war recht übersichtlich: Neben Köfte, den Hackfleischstreifen, gab es *Piyaz*, einen Salat aus Tomaten, Bohnen und Zwiebeln, und *Merçimek*, eine klassische türkische Linsensuppe, die zu jeder Tageszeit gegessen wird.

Mit seinen 41 Jahren war Ramazan noch immer ein äußerst attraktiver Mann – *handsome*, wie es im Englischen heißt. Aber auch auf seinem Gesicht zeichneten sich die ersten Spuren der jahrelangen Arbeit im Restaurant ab. Knapp 100 Stunden verbrachte der Mann jede Woche in seinem Geschäft, die freien Tage pro Jahr ließen sich an beiden Händen abzählen.

Dabei blickte Ramazan auf eine vielfältige Vergangenheit zurück. Bei einer Bank hatte er einige Jahre gearbeitet, ebenso für eine Sicherheitsfirma. Groß gewachsen und kräftig gebaut, besaß er die Statur hierzu. Am ungewöhnlichsten war jedoch eine ganz andere Nebentätigkeit meines Mitbewohners: Hin und wieder hatte er für Kleidung gemodelt. Eines Tages war er einfach bei einem Casting aufgetaucht und nach einigen Probe-Shootings schließlich als einer von sechs Glücklichen übrig geblieben. Bei mehreren hundert Bewerben keine schlechte Quote. Doch außer spannenden Shootings und einigen Reisen ins Ausland hatte ihm die Tätigkeit nicht viel eingebracht – zumindest dann nicht, wenn man das Jet-Set-Life, das viele Top-Models leben, als erstrebenswert erachtet. Dennoch blickte Ramazan, wann immer man ihn darauf ansprach, mit einem Lächeln auf die Zeit zurück. In einem klapprigen Bücherregal in unserem Wohnraum stand ein türkischer Modelkatalog aus den 90er-Jahren, der von Ramazans Blitzkarriere zeugte.

Doch die Zeiten waren vorbei. Seine Haare waren inzwischen raspelkurz. Nun begann Ramazan jeden Morgen um sechs Uhr, seine Suppe anzusetzen. Ab 7 Uhr kamen dann Schülerinnen und Schüler der nahe gelegenen Schule, um bei ihm die fertige Suppe zu frühstücken. Lediglich am Sonntag öffnete er das Lokal ein paar Stunden später.

Auch wenn die Arbeitszeit unvorstellbar klingt – eines hatte sich Ramazan in jedem Fall bewahrt: seine Selbstständigkeit. Chef im eigenen Geschäft zu sein, ist für viele Türken sehr wichtig. Natürlich gibt es auch unzählige Angestellte bei größeren Firmen, aber Familienbetriebe sind in der Türkei weit verbreitet. So lange sich ein wenig Geld mit einem kleinen Laden oder einem Job verdienen lässt, findet sich jemand, der in diesem Gewerbe tätig ist. Merkwürdigerweise siedeln sich dabei kleine Geschäfte mit ähnlichem Sortiment häufig an derselben Stelle an. So gibt es allein in Beyoğlu beispielsweise ein Rasenmäherviertel und eine Taucherausrüstungsstraße – wobei völlig unklar ist, wer in der Metropole auf Harpunen und Aufsitzmäher angewiesen ist. Doch den Fahrradmarkt hatte ich ja auch unterschätzt.

Wie sehr die einzelnen Jobs ausdifferenziert sind, lässt sich mit Deutschland kaum vergleichen. Während in deutschen Landen das Meiste in Supermärkten, in Baumärkten und in Elektronikmärkten eingekauft wird – Geschäfte, in denen eine vielfältige Produktauswahl an einem Ort konzentriert ist – gibt es in der Türkei unzählige Verkäufer, die nur eine Handvoll Waren anbieten. Dabei ziehen sie mitunter mit Handkarren durch die Gassen oder stehen mit einem Bauchladen jeden Tag an derselben Straßenecke. Die türkische Sprache trägt diesem Phänomen auf großartige Weise Rechnung: Nahezu jedes Produkt kann mit dem Zusatz der Endung -ci in einen Beruf verwandelt werden. Trödel (*eşya*) gibt's beim Trödler (*eşyacı*), Blumen (*çiçek*) werden vom Blumenhändler (*çiçekçi*) verkauft und wer etwas in einem Ofen (*fırın*) backt, der ist Bäcker (*fırıncı*). Die Liste lässt sich fast beliebig fortsetzen und für Ausländer ist es ungemein einfach, Berufsbezeichnungen abzuleiten. So versteht jeder Türke, was gemeint ist, wenn von einem *mendilci* gesprochen wird – ein Bettler, der Taschentücher (*mendil*) verkauft.

Ramazan war dementsprechend *köfteci*, Köfteverkäufer, obwohl er wohl auch mit der Bezeichnung *corbacı*, Suppenverkäufer, hätte leben können. Wir bekamen unseren Mitbewohner mehrmals am Tag zu Gesicht. Zu den Gebetszeiten tauchte Ramazan in unserer Wohnung auf. Da sein kleines Lokal keine sanitären Anlagen besaß, griff er auf unsere zurück. Dies war

neben dem kurzen Weg zu seinem Laden wohl der Hauptgrund,
weshalb er überhaupt noch in der Ayhan-Işık-Straße wohnte.
Wann immer er tagsüber auftauchte, wusch er sich, betete und
machte fünf Minuten Pause.

In seinen wenigen freien Momenten träumte Ramazan nicht
zuletzt von einem anderen, besseren Leben. Wie genau das
aussehen sollte, wusste er nicht so recht. Aber das Ausland war
wohl irgendwie mit diesem Traum verknüpft. Mal sprach er
von Deutschland, dann wieder von den USA, wo seine Schwester mit einem Amerikaner zusammen lebte. Doch dass auch im
Ausland nicht alles Gold ist, was glänzt, hatte Ramazan begriffen. Seine Schwester und ihr Mann überlegten bereits, den
Vereinigten Staaten den Rücken zu kehren, wo es schwer geworden war, einen reell bezahlten Arbeitsplatz zu finden.
Und so träumte Ramazan ein wenig kleiner: Eine neue Köfte-
maschine sollte es sein, mit der sich der alte Fleischwolf aus
veredeltem Gusseisen endlich einmotten ließe, der seit 40 Jahren seinen Dienst tat. Damit könnte er nicht nur die Produktion
erhöhen, sondern sich auch die Arbeit erleichtern, kalkulierte
mein Mitbewohner. Doch während die Monate verstrichen,
kam keine neue Maschine. Stattdessen hatte er nun neue Tische
und Stühle für das Lokal ins Visier genommen.

Die Einsamkeit des Langstreckenläufers

Verlassen liegt die Tramstation vor uns. An der großen Moschee von Tophane, vor der sonst minütlich die elektrischen
Bahnen vorfahren, um Scharen an Fahrgästen aufzulesen, ist
heute keine Menschenseele zu sehen. An den Drehkreuzen der

Station hängen nur ein paar unscheinbare Zettel: „Aufgrund des Marathons bleibt diese Station heute geschlossen“. Der Zugang ist mit rot-weißem Band symbolisch versperrt worden.

Es ist früh, kurz nach acht. Die Stadt scheint kollektiv noch zu schlafen an diesem Sonntag. Nur einige Passanten laufen entlang der Straße in Richtung Hafen, auf der an normalen Tagen unzählige Autos entlang fahren. Während der Rush Hour ist hier immer Stau.

Heute wird es keinen Stau geben. Die Strecke ist für Fahrzeuge gesperrt. In einer Stunde werden die ersten Läufer vorbeikommen. Bisweilen sind es nur Polizei- und Lieferwagen, die vereinzelt vorbeibrausen. Dazwischen herrscht Stille.

Die Sonne steht noch tief. Es ist kühl. Clara und ich tragen Jacken. Aber zum Laufen sind es perfekte Bedingungen. In diesem Moment wünsche ich mir, dass ich mich doch gemeldet hätte für den Lauf von Asien nach Europa, zumindest für die 15-Kilometer-Distanz; Dass ich ein Gefühl von Erhabenheit spüren würde, oben auf der Bosporus-Brücke, zwischen den Kontinenten.

Aber es ist zu spät. Die Läufer sind längst an den Start gegangen. Drüben, in Üsküdar. Und im nächsten Moment bin ich froh, dass ich mich nicht auf den Weg machen musste, mitten in der Nacht.

Ich blicke auf Clara. Sie sieht müde aus. Wir haben nicht viel Schlaf bekommen. Lange bin ich gestern Abend bei ihr gewesen. Wir haben miteinander geredet. Vieles ist so anders als in Sakarya. Und auch die Unbeschwertheit der ersten Tage in Istanbul ist längst verschwunden. Wieso kann ich nicht einfach alle meine Tage mit Clara verbringen? Stattdessen hat sie sich drei Tage nicht gemeldet. Das macht einen wahnsinnig, irgendwann. Ich bin zu ihr gelaufen. Habe sie zur Rede gestellt. Vielleicht habe ich kein Anrecht auf ihre Zeit, aber ständig mit dieser quälenden Ungewissheit aufzuwachen ist das Schlimmste. Dass sie sich eine Beziehung nicht vorstellen könne, hat sie gesagt. Aber dass sie mich als Freund nicht verlieren wolle. Etwas zerbricht. Mehr und mehr. Und ich kann es nicht aufhalten.

Wir laufen mitten auf der Straße. Wir kreuzen die Gleise der Tram nach belieben. Links von uns liegen die ehemals prächtigen Häuser *Karaköys*, in denen der Handel blühte. Viele der riesigen Speicher sind heruntergekommen, manche sind verfallen. Es ist ein wunderschöner Morgen. Über uns kreisen die Möwen. Die salzige Luft des Bosporus ist zu spüren.

Von der großen Kreuzung vor dem Fähranleger aus sind sie zu sehen, die Angler der *Galatabrücke*. Sie stehen immer hier. Warten auf den Fang ihres Lebens. Doch der lässt auf sich warten. Stattdessen verfangen sich nur kleinste Fische in ihren Angelhaken. Ein Werbeplakat neben der Brücke weist auf die dramatische Situation in: „Wenn es keine kleinen Fische gibt, wird es auch keine großen geben." Aber die Menschen hier leben vom Fischfang. Es sind hunderte, die bei Wind und Wetter ihrer Arbeit nachgehen. Sie angeln weiter.

Ich muss an das Buch von Geert Mak denken, dass meine Eltern mir noch in Deutschland geschenkt haben: *Die Brücke von Istanbul* – eine Liebeserklärung an eine Stadt und ihre berühmteste Brücke. Zusammen mit einem Buch über den türkischen Fußball die einzige Lektüre, die ich vor Reiseantritt gelesen habe.

Ich blicke auf genau diese Brücke. Sie wirkt so anders als in Maks Schilderungen. So zweckmäßig, so real. Sie hat nichts

Romantisches an sich. Wir laufen über sie hinüber. Mitten auf der Straße. Ein Polizeiwagen rast vorbei.

Ich habe mehr Zuschauer erwartet. Und ich bin mir sicher gewesen, dass die Brücke abgesperrt sein würde. Doch wir können uns frei bewegen. Ich bin enttäuscht über die geringe Resonanz. Aber es ist so friedlich. Vielleicht der ruhigste Morgen, den ich bislang erlebt habe in der sonst niemals schlafenden Metropole.

Und dann braust der Spitzenreiter des Rollstuhl-Feldes vorbei. Im nächsten Moment hat er uns passiert. Ein Dutzend Holländer jubelt ihm von einer Verkehrsinsel zu. Sie alle tragen orangefarbene Kleidung.

Wir laufen weiter. Überlegen, wie wir zum Ziel kommen. Wir wollen dort Roos, Constantin und Carsten in Empfang zu nehmen. Die drei Sprachkursfreunde aus Sakarya nehmen am 15-Kilometer-Lauf teil. Auch sie müssten inzwischen unterwegs sein. Vielleicht passieren sie in diesem Moment die Bosporusbrücke, überlege ich.

Ich ziehe meinen Stadtplan hervor. Clara und ich schauen gemeinsam darauf. Obwohl sie nur wenige Zentimeter neben mir steht, fühlt es sich an, als sei sie in einer anderen Welt. Mir ist kalt.

Ich überlasse Clara die Entscheidung, wo wir langgehen. Wir laufen nach links, steil bergauf. Nach wenigen Minuten befinden wir uns in einem engen Geflecht aus Gassen mit unzähligen Läden. Aber sie alle haben geschlossen. Wir müssen in den Ausläufern des *Großen Basars* sein. Es ist so ruhig hier an diesem Morgen, fast unheimlich. Längst haben wir die Orientierung verloren. Ich bin unruhig, will nicht zu spät kommen zum Ziel. Es dauert einige Zeit, bis wir wieder eine größere Straße entdecken. Unentschlossen biegen wir ab und laufen einen Hügel hinunter. Nach zehn Minuten bemerken wir, dass wir im Kreis gelaufen sind. Wir sind fast wieder an der Galatabrücke. Ich fluche. Bin sauer auf Clara, schiebe die Schuld auf sie.

Die Stimmung ist nicht gut, wie sollte sie es auch sein. Schon als Clara mich in der Ayhan-Işık-Straße abgeholt hatte, war sie eine ganze Zeit zu spät dran gewesen. Sie ist chronisch unpünktlich. Das gibt mir nicht das Gefühl, als sei ich ihr wichtig. Ein weiterer Stich.

Nach einer Viertelstunde erreichen wir *Sultanahmet*. Vor der prächtigen Kulisse der Blauen Moschee und der Hagia Sophia ziehen sich die letzten dreihundert Meter der Strecke entlang. Wir sind noch nicht zu spät. Wir treffen uns mit Sonja. Zu dritt postieren wir uns direkt an der Strecke. Ich habe meine Kamera dabei und warte auf die ersten Läufer. Die Sonne steht bereits höher und es ist längst nicht mehr so kühl wie vor einer guten Stunde, als wir uns auf den Weg gemacht haben.

Dann kommen sie. Die ersten passieren uns mit großem Tempo, schweißgebadet, aber austrainiert. Wir müssen noch eine ganze Zeit warten, bis wir Carsten entdecken. Und Constantin. Ein kleiner Türke dribbelt einen Ball vor sich her. Auch er hat eine Startnummer. Ein paar Sportler schieben eine Frau im Rollstuhl. Ein älterer Mann bricht fünfzig Meter vor uns zusammen. Nur dreihundert Meter haben ihm gefehlt bis zum Ziel. Die Beine von sich gestreckt, ringt er um Luft. Er wird sofort versorgt.

Die meisten Läufer sind keine Türken. Auch hier zeigt sich, dass dieser Sport in Istanbul nicht sonderlich verbreitet ist.

Aber wo sollten sie auch laufen gehen, außer in den wenigen großen Parks, in denen sie ihre Runden drehen können? Ich denke an meine gelegentlichen Läufe entlang der Dolmabahçe Caddesi. Ein Albtraum. Der Verkehr, die Passanten, die Bürgersteige.

Da wir Roos nicht ausmachen können im Läuferfeld, sind wir sicher, dass wir sie verpasst haben. Sie meldet sich kurz darauf per Handy. Sie war die schnellste der drei. Wir treffen uns am Ziel. Unsere Erasmus-Laufgruppe ist ausgepumpt, aber glücklich. Sie haben es alle drei geschafft, und nun strahlen sie um die Wette.

Applaus brandet auf. Wir blicken uns um. Dort, wo vor einer halben Stunde noch unzählige Hobbyläufer den Rest ihrer 15 Kilometer entlang gelaufen sind, sprinten nun jene gen Ziel, die den ganzen Marathon absolviert haben. In einem Höllentempo erreicht der erste von ihnen die Zeitmessung bei gut zwei Stunden und zehn Minuten. Er kommt aus Kenia. Ich bin zutiefst beeindruckt.

„Wir brauchen Bürokratien, um unsere Probleme zu lösen.
Aber wenn wir sie erst haben, hindern sie uns,
das zu tun, wofür wir sie brauchen.“
— Ralf Dahrendorf

Visum, weshalb, warum

Trostlos und matt lag die riesige Kantine des *Emniyet Müdürlüğü*, des Polizeihauptquartiers Istanbuls, vor mir. Nur eine Handvoll Tische war besetzt. Irgendwo dudelte dumpf ein Radio vor sich hin, das Neonlicht flackerte schwach. Ich stocherte lustlos in meinem Mittagessen, das ich mir von meinem allerletzten Bargeld gekauft hatte. Die Essensausgabe war 24 Stunden am Tag geöffnet, und ich schätzte, dass dies in etwa die Zeitspanne war, die mein Essen bereits warmgehalten worden war.

Kein Wunder, dass sich hierher kaum ein Polizist verirrte. Endlose Tische in der riesigen unterirdischen Halle waren verwaist. Die wenigen anderen Leute, die neben mir saßen, gehörten jedenfalls nicht zur Belegschaft. Ich nahm an, dass sie warteten. Genau wie ich wartete. Das halbe Leben in der Türkei scheint aus Warten zu bestehen, zumindest in behördlichen Dingen.

Ich musste mir eine Aufenthaltserlaubnis für mein Studentenvisum ausstellen lassen. Obwohl die Behörde bereits am frühen Vormittag geöffnet worden war, hatten die Beamten erst 130 Anträge bis zu meinem Eintreffen um 14 Uhr bearbeitet. Ich hatte die Nummer 298. Ich versuchte mich am kleinen Dreisatz: Wie lange würde es nun dauern, bis ich an der Reihe war? Mein Überschlag ergab eine Zeit mitten in der Nacht.

Für den Moment schlug ich mich in der Kantine mit anderen Dingen herum. Ich brütete über den *narrativen Theorien von Todorov* für mein Studium. Mein Essen war längst kalt. Die Minuten krochen dahin. Eine Putzfrau räumte gebrauchtes Plastikgeschirr ab und feudelte um meine Beine herum. Schließlich löschte der Hausmeister das verbliebene Neonlicht und es wurde noch düsterer. Nur noch von der Essensausgabe her war ein Lichtkegel auszumachen. Ich konnte meine Aufzeichnungen zu Todorov kaum noch entziffern. Wie hoch ist die Wahrscheinlichkeit, in der Kantine des Polizeihauptquartiers vergessen und eingeschlossen zu werden?
Und so saß ich nun hier im Halbdunkel. Neben mir lagen diver-

se Unterlagen und einige Passbilder. Nach einer kurzen Überschlagsrechnung fand ich heraus, dass ich bereits zwei Dutzend Passbilder an den Mann gebracht hatte. Ich fragte mich, ob die Beamten in der Türkei wohl Sammelalben mit überzähligen Fotos anlegten und gegenseitig ihre schönsten Klienten untereinander austauschten.

Nachdem die Drei-Stunden-Marke geknackt war, stand ich auf und lief über den verregneten Innenhof zum Gebäude der Ausländerbehörde. Zum Glück fehlten nur noch 40 Nummern. Just in dem Moment, als ich erschien, begann auf den Fernsehern das EM-Qualifikationsspiel *Türkei – Aserbaidschan*. Fairer Deal: Wer wartet, darf zumindest Fußball gucken. Das größte Interesse schienen aber die Beamten selbst zu haben. Hin und wieder wurde das Signal schwächer und der ranghöchste Polizist schritt zum Apparat hinüber, klopfte dreimal mit der flachen Hand dagegen und der Spaß konnte weitergehen. Allerdings gab es für die Türken wenig zu lachen. Das einzige Tor des Tages erzielte ein Aserbaidschaner.

Kurz nach dem 0:1 wurde meine Nummer aufgerufen, und ich lief die endlosen Schalter entlang, bis ich zu meinem Sachbearbeiter gelangte. Mittlerweile war die Behörde fast leer. Ich gab dem Beamten hinter der Glasscheibe meine abgelaufene Aufenthaltsgenehmigung, meinen Reisepass und die kopierten Dokumente mitsamt meiner Passbilder. Er musterte alles genau. Schließlich stellte er fest, dass ich die Kopie der Aufenthaltsgenehmigung nicht ordnungsgemäß ausgefüllt hatte: Ich hatte Mini-Seiten auf eine DIN-A4-Seite zusammenkopiert. Zumindest war dies meine Vermutung seiner Beanstandung. Ich verstand ihn nicht, er konnte kein Englisch. Ich setzte meinen „Ich-habe-keine-Ahnung"-Blick auf, stammelte ein paar türkische Wörter und letztlich gab er klein bei. So kurz vor Feierabend wollte der junge Mann wohl auch keinen Stress mehr haben. Akribisch setzte er noch ein halbes Dutzend Stempel und Unterschriften, dann gab er mir eine weitere Quittung.

Ich konnte meine fertige dauerhafte Aufenthaltsgenehmigung einige Tage später abholen. Zum Glück brauchte ich diesmal keine Nummer, sondern konnte das Dokument nach einer halbe Stunde Wartezeit einfach so in Empfang nehmen. Ein junges Mädchen – vielleicht eine Engländerin oder Skandinavierin – hatte da weniger Glück. Hitzig erklärte sie einer der wenigen Beamtinnen, die Englisch sprachen, dass sie mit der Metro versehentlich in die falsche Richtung gefahren war. Dadurch hatte sie ihre Nummer verpasst. Worst-Case-Szenario. Doch die versammelten Polizisten zeigten sich wenig hilfsbereit. Wahrscheinlich nicht einmal, weil sie nicht wollten, sondern weil tagtäglich dutzende Menschen mit genau demselben Problem vor ihnen standen. Verzweifelt blickte sich das Mädel um, genau in dem Moment, in dem mein Name aufgerufen wurde. Ich erhielt das blaue Heftchen zurück, dass ich beim letzten Mal hier gelassen hatte. Als ich wieder heraus kam, war das Mädel weg.

Ein bisschen nachdenklich, aber im Grunde zufrieden verließ ich das Revier. Nach jeder Menge Schweiß, Zeit und Geld war ich nun offiziell für ein halbes Jahr in der Türkei Willkommen. In diesem Moment wusste ich noch nicht, dass ich nicht ein einziges Mal nach meiner Aufenthaltsgenehmigung gefragt werden würde...

Nationalfeiertag

Wieder einmal steckt der Bus im Stau fest. Aber die zurückgelegte Distanz dürfte ein neuer Rekord sein. Nur 200 Meter weit hat es das Vehikel seit dem Taksim-Platz vorwärts geschafft, dann ist Schluss. Die Straße hinunter nach Gümüşsuyu ist völlig verstopft. Der Busfahrer hat die Heizung angesichts des kalten Wetters gleich mal bis auf Anschlag gedreht. In meiner Winterjacke beginne ich sofort zu schwitzen. Ich blicke mich um, vor mir sitzen zwei Erasmus-Studentinnen meiner Uni. Ich erinnere mich nicht an ihre Namen, aber sie haben das gleiche Ziel wie ich: das große Feuerwerk an diesem Abend direkt am Bosporus. Ich begrüße die beiden. Wir überlegen, ob wir nicht aussteigen. Nach ein paar Minuten hat der Bus lediglich 50 weitere Meter zurückgelegt, und so bitten wir ihn, uns herauszulassen.

Wir legen den Weg durch die Dunkelheit zu Fuß zurück und ich frage mich, was die sicherheitsbedürftigen Verantwortlichen unserer Uni wohl zu dem Verhalten sagen würden. Wahrscheinlich würden sie die Hände vor dem Kopf zusammen schlagen. Etwas merkwürdig ist es schon, im Dunkeln durch den kleinen Park vor dem Inönü-Stadion zu laufen, in dem sonst wilde Hunde umherstrolchen. Auch der Mann, der Schüsse mit einem Luftgewehr auf bunte Luftballons verkauft, ist um diese Zeit nicht mehr zu sehen.
Wir erreichen die Dolmabahçe Caddesi, und kurz, bevor wir an unserer Uni ankommen, überholt uns der Bus, aus dem wir eine Viertelstunde zuvor ausgestiegen sind. Ich seufze.

Am Fähranleger von Beşiktaş haben sich bereits viele Menschen versammelt. Sie warten in der klaren Kälte des Abends darauf, dass das Feuerwerk beginnen möge. Wir laufen noch ein Stück weiter zu unserer Uni und begeben uns auf die Dachterrasse.

Ein paar Dutzend Leute sind hier, viele von ihnen internationale Studierende. Doch ich habe den Anschluss längst verloren an die Erasmus-Community. Ich schüttele ein paar Hände, aber es bleibt bei einem „How are you?". Was sollte man sich auch groß erzählen? Ich bin nicht nach Istanbul gekommen, um rund um die Uhr Party zu machen, aber mittlerweile erscheint es mir fast so, als wäre das die beste Alternative gewesen.

Der Abend, an dem wir hier einige Wochen zuvor mit Häppchen und alkoholfreien Getränken empfangen worden sind, scheint in einem anderen Leben stattgefunden zu haben. Aus der Begegnung mit Özge und Merve, den zwei türkischen Studentinnen von der Uni-Zeitung ist nichts geworden. Recht schnell habe ich gemerkt, wie unterschiedlich unsere Alltage doch sind. Ihr Tag beginnt am frühen Morgen und endet am späten Abend und dazwischen versuchen sie möglichst perfekt, Studium, Hobbys und Freunde zu managen. Ich hätte gerne Anschluss gefunden. Aber mir ist längst klar, dass – so freundlich und entgegenkommend sich die Mädels auch gezeigt haben – Erasmus am Ende in jeder Hinsicht unverbindlich ist. Konstanz gibt es hier nicht.

Ich empfange eine SMS von Bea: „Sind noch auf dem Weg." Sie und Kathi müssten irgendwann also auch hier sein. Gut, dann fühle ich mich zumindest nicht ganz so alleine. Aber auch die beiden bekomme ich nur sporadisch zu Gesicht.

Ich lasse meinen Blick über den Bosporus schweifen. Unten am Kai herrscht dichtes Gedränge. Hier oben ist so verschwenderisch viel Platz. Da sind sie wieder, die unterschiedlichen Klassen.

Das Feuerwerk lässt auf sich warten. Der wichtigste Gast kommt immer zuletzt.

Ich denke an die großen Banner, die die Stadt schon vor Tagen an den Brücken der großen Stadt hat anbringen lassen, um die Bewohner zum Nationalfeiertag zu grüßen.

Mir ist kalt. Was würde ich jetzt für einen Glühwein geben. Zumindest Bea und Kathi tauchen auf. Wir warten gemeinsam.

Dann geht es irgendwann los. Dutzende Köpfe drehen sich synchron nach links in Richtung Bosporusbrücke. Diese beginnt rot und weiß zu glühen. Nicht wie sonst durch helle Lampen, die die Brücke das ganze Jahr über bunt verzieren, sondern durch richtige Pyrotechnik. Funken sprühen in den Nachthimmel, Strahler werfen weiße Lichtkegel auf die Brücke. Parallel steigen Raketen über dem Bauwerk auf.

Das Schauspiel setzt sich kurz darauf im Bosporus fort. Von Militärbooten aus werden ganze Salven an Raketen in die Dunkelheit geschossen. Riesige Glitzerregen gehen zwischen den Kontinenten herunter. Das Wasser ist taghell erleuchtet. Bis nach Eminönü stehen die Feuerschiffe. Jetzt verstehe ich, wieso der Fährverkehr aus Sicherheitsgründen eingestellt worden ist. Ich versuche das Feuerwerk mit meiner Kamera einzufangen.

Rund zwanzig Minuten lang werden alle erdenklichen Feuerwerkskörper in den Himmel geschossen, dann kommt das große Finale. In den nächsten zwei Minuten wird mehr verpulvert als in der gesamten Zeit zuvor. Mir stockt der Atem. Der Bosporus wird in alle möglichen Farben getaucht: lila, rot, gelb, grün und blau. Klar sind die Konturen der Hagia Sophia, der Blauen Moschee und der anderen Skylineteilnehmer zu erkennen. Es ist wunderschön.

So plötzlich das Feuerwerk begonnen hat, so unmittelbar ist es wieder vorbei. Die Menschen jubeln einen Moment, klatschen wohl auch sich zu, dass sie es bei den Temperaturen so lange ausgehalten haben. Dann machen sie sich auf den Weg nach Hause. Auch ich stapfe zurück in Richtung Taksim. Zurück bleibt ein Gefühl der Leere.

„Die Quelle der Angst liegt in der Zukunft,
und wer von der Zukunft befreit ist,
hat nichts zu befürchten. "
— Milan Kundera

Der Anschlag

Die Stadt – oder besser gesagt ihr Zentrum – erschien mir manchmal wie ein einziger Hochsicherheitskomplex. Schwer bewachte militärische Gebäude, Polizeipatrouillen und privates Wachpersonal weckten in mir Gedanken über die gravierenden sozialen Unterschiede in der türkischen Gesellschaft und die daraus resultierenden möglichen Spannungen. Trotzdem fühlte ich mich weitestgehend sicher. Zumindest das Zentrum, in dem viele Touristen verkehrten und die Polizei eine hohe Präsenz zeigte, erweckte den Anschein, sich hier unbesorgt aufhalten zu können – Millionen Menschen taten dies schließlich Tag für Tag, ohne dass ich von Übergriffen gehört hatte (abgesehen von den Attacken auf die Kunstgalerien in Tophane). Das Gefühl von Sicherheit wurde auch durch meine selektive Wahrnehmung verstärkt. Die türkischen Zeitungen und das türkische Fernsehen waren zwar voll von Schauergeschichten – das zeigten mir die ausgestrahlten Bilder -, aber da ich die Sprache nicht verstand, konnte ich nie zuordnen, was genau bei den Vorfällen passiert war, von denen die Schlagzeilen berichteten.

Angst verspürte ich daher nie.

Doch dann löste sich der schöne Schein einer gänzlich sicheren Stadt innerhalb weniger Stunden auch für mich in Luft auf.

Es war einer dieser wunderschönen Oktobersonntage, ganz im Gegensatz zu den lausig verregneten Oktobersonntagen. Draußen strahlte die Sonne und in meinem Zimmer konnte ich hören, wie Taksim langsam zum Leben erwachte. Die Händler mit ihren Handkarren zogen durch die Ayhan-Işık-Straße und priesen lautstark ihre Waren an. Möwen kreisten über unserem Haus, eine Katze miaute auf der Bauruine gegenüber. Ein Flugzeug durchbrach die Schallmauer und auch auf der kleinen Polizeiwache vor unserem Haus herrschte reges Treiben. Ich saß gerade an meinem Laptop, als die Wohnungstür aufging. Ich vernahm Emres Stimme: „Jungs, es gab einen Anschlag am Taksim-Platz.“

Yanık und ich schossen gleichzeitig aus unseren Zimmern und blickten Emre fragend an: „Was genau ist passiert?“

Emre antwortete: „Ein Mann hat den Polizeiposten angegriffen, mit einer Bombe. Es gab Verletzte.“

Während Emre dies erzählte, hatte er für seine Verhältnisse eine ernste Miene aufgesetzt.

Sofort stürzten wir uns auf unsere Laptops. Während die deutschen Medien noch keine Eilmeldung im Netz hatten, ließen sich bei den türkischen Nachrichtenseiten bereits Videos und Bilder abrufen. Sie zeigten reichlich verpixelt, was in den Minuten nach dem Anschlag passiert war: Panische Menschen rannten über jenen Platz, über den ich tagtäglich lief, und den ich am Vorabend zum letzten Mal passiert hatte: Taksim! Angesichts der verwackelten Bilder und der panischen Schreie im Hintergrund fiel es mir jedoch schwer, den Videos zu glauben. Wie Yanık mir kurz darauf erklärte, habe ein Mann versucht, in einen gepanzerten Polizeibus einzudringen. Als er daran gehindert wurde, habe er einen Sprengsatz gezündet. Er selbst sei gestorben, zig Menschen seien verletzt worden.

Ich fragte mich, ob ich davon nicht mehr hätte mitkriegen müssen, immerhin waren es keine 500 Meter von unserer Wohnung bis dorthin. Dann dämmerte es mir. Das Flugzeug, das vermeintlich eine halbe Stunde zuvor die Schallmauer durchbrochen hatte, war in Wahrheit die Detonation der Bombe gewesen. Und das geschäftige Treiben an der Polizeiwache hing offensichtlich unmittelbar damit zusammen.

Ich war geschockt. Die Nähe zum Ort des Attentats und die Ungewissheit, ob nicht vielleicht Freunde zur falschen Zeit am falschen Ort gewesen waren, machten mich panisch. Ich schickte eine SMS an alle meine Kontakte in Istanbul. Alex war zum Glück gerade in Berlin – zumindest eine Person weniger, um die ich mir Sorgen machen musste. Einige Minuten später berichteten auch die deutschen Online-Medien über den Zwischenfall.

Bevor sich irgendwer Sorgen um mich machen konnte, rief ich meine Eltern an und schrieb eine E-Mail an alle meine Freunde, dass es mir gut gehe. Vielleicht reagierte ich damit ein bisschen über, aber jener Terror, von dem sonst immer nur alle sprachen, war plötzlich ganz nah – und dadurch irgendwie irreal. Ich hatte mir bis zu diesem Zeitpunkt nie Gedanken über Anschläge gemacht, dabei hatte es in der Vergangenheit immer wieder Attentate in Istanbul und anderen türkischen Regionen gegeben.

Yanık meinte, er würde den Tag über gar nicht mehr das Haus verlassen und riet mir dringend dazu, ebenfalls zuhause zu bleiben. Er verstand besser, was die türkischen Medien fortlaufend berichteten. Und die berichteten natürlich viel aktueller als die deutschen Internet-Seiten.
So hatte der Attentäter eine zweite Bombe bei sich gehabt, die glücklicherweise nicht explodiert war und zur Stunde entschärft wurde. Die Hintergründe der Tat waren allerdings völlig unklar. In der Türkei hatten in der Vergangenheit verschiedene Gruppierungen aus unterschiedlichen Motiven Attentate begangen. So wenig ich mir bislang den Kopf über die Terrorgefahr während meines Erasmus-Semesters gemacht hatte, desto gravierender war das Thema nun in mein Bewusstsein gerückt.

Ich rief Clara an, um herauszufinden, ob bei ihr alles okay sei. Ich weckte sie mit meinem Anruf. Ich war erleichtert, dass sie zuhause gewesen war. Da sie am Vortag von einem Kurztrip nach Griechenland wiedergekommen war, wollte ich sie später am Tag noch besuchen. Dazu musste ich aber definitiv den Taksim-Platz überqueren...

Zur Mittagszeit begab ich mich, entgegen Yanıks Rat, auf die Straße, um mir etwas zu essen zu kaufen, denn im Kühlschrank herrschte gähnende Leere. Die fünfzig Meter zu unserem nächstgelegenen Bäcker nahm ich völlig verändert war: Warum stand dort vorne an der Hauswand ein Karton? Blickte sich der Mann mit dem großen Rucksack vor mir nicht auffällig häufig um? Jedes Ding wirkte plötzlich wie ein potentieller Sprengsatz, jeder Passant könnte der nächste Attentäter sein.

Dies ist wohl die größte Gefahr, die vom Terror ausgeht: Die Wahrscheinlichkeit selbst Opfer eines Anschlages zu werden, ist verschwindend gering, aber die Ungewissheit, ob und wann es das nächste Mal passiert, schürt Angst.
Auf der İstiklal war von dieser Angst verblüffend wenig zu spüren. Obwohl die meisten der Passanten am Taksim-Platz vorbeigekommen sein dürften, war die Flaniermeile belebt wie jeden Sonntagvormittag – Tausende Menschen waren unterwegs. Mein Mitbewohner Ramazan, dem ich auf meinem kurzen Heimweg einen kleinen Besuch abstattete, machte seine üblichen Scherze und wirkte nicht sonderlich beeindruckt von dem ganzen Szenario. Für ihn war es die passende Gelegenheit eine seiner Lieblingsfloskeln zu zitieren: „Wie geht es dir?", fragte ich. „Bomba gibi" – „Bombig." Mit welcher Routine auch die anderen Arbeiter ihrer Beschäftigung nachgingen, beeindruckte mich. Der Wasserhändler fuhr seine Lieferungen aus, der Dönerverkäufer säbelte das Fleisch vom Spieß. Aber klar, kaum jemand hier konnte sich ein Schild an seinen Laden hängen: „Wegen Terrorangst heute geschlossen...". Dazu waren die Menschen zu sehr angewiesen auf ihren täglichen Verdienst, das war mir in meinen Monaten in der Türkei längst klar geworden; auch am Sonntag arbeiteten sie wie selbstverständlich.

Zurück in meiner scheinbar sicheren Wohnung begann ich, mit Bea in *Kadıköy* über facebook zu schreiben. Sie hatte die Detonation natürlich nicht gehört, immerhin lagen zwischen meinem europäischem und ihrem asiatischen Viertel rund zehn Kilometer Luftlinie. Trotzdem war auch sie zu diesem Zeitpunkt ziemlich besorgt. Wir beide überlegten, wie wahrscheinlich nun weitere Anschläge sein könnten, kamen aber zu keinem plausiblen Ergebnis. Es könnte genauso gut am nächsten Tag der Fall sein oder erst in vielen Jahren.

Als ich am Nachmittag auf meinem Weg zu Clara am Ort des Anschlags vorbeikam, war nicht mehr viel zu sehen von der Panik des Vormittags, die ich auf den Videos gesehen hatte. Ein paar Meter gelbes Absperrband flatterten im Wind, direkt neben den Blumenhändlern, die alles aus nächster Nähe mitbekommen haben mussten. Einige Verkehrsinseln waren gesperrt, davor parkten mehr Polizeifahrzeuge als üblich. Ansonsten drängelten sich Busse und Autos aber wie immer über den Platz.
Auch mit Clara und ihrer deutschen Vermieterin Brigitte diskutierte ich eine Weile, welche Auswirkungen der Anschlag nun auf uns haben würde. Es war schwer abzuschätzen, ob es verschärfte Sicherheitsmaßnahmen geben würde.

Ich war in den nächsten Tagen in jedem Fall sensibler für meine Umwelt. Es lag auf der Hand, dass Taksim, eines der europäischsten und belebtesten Viertel Istanbuls, prädestiniert war für einen Anschlag. Zugleich Vergnügungsviertel und Verkehrsknotenpunkt bot der Ort großen Symbolwert. Dennoch: Einige Tage später zeigte sich, dass die Angst bereits verblasste. Wie die Medien berichteten, stand der Anschlag in Zusammenhang mit einer Splittergruppe der *PKK*. Es schien, als hätten sich die Spannungen zwischen Kurden und Türken nicht, wie erhofft, gelöst. Der schwelende Konflikt war mir jedoch zu vielschichtig und komplex, als dass ich die Motivationen der Parteien hätte nachvollziehen können.

Angesichts der unmittelbaren Auswirkungen gewann ich jedoch andere Erkenntnisse: Ich hatte mir nie so bewusst gemacht, welche Opfer verzweifelte oder fanatische Menschen zu geben bereit sind. Mit welcher Rücksichtslosigkeit Menschen gegen andere Menschen vorgehen können, hatte sich vor meinen Augen nie in dem Ausmaß realisiert. Eine Schlägerei ist die eine Sache, der Einsatz von Waffen auch – aber ziellos einer ganzen Anzahl an Personen größtmöglichen Schaden zufügen zu wollen, hat eine völlig andere Qualität.

Ich merkte, dass die Reaktion der Istanbuler am Tag des Anschlags durchaus ihre Richtigkeit hatte. Der diffusen Angst Widerstand zu leisten und sich zu einem normalen Alltag zu zwingen hat oberste Priorität. Der Auslöser des Terrors liegt außerhalb des eigenen unmittelbaren Einflussbereiches, und so gut man es auch versucht – komplett schützen kann man sich nicht. Ich glaube, anders als mit dieser Methode wäre ein Leben in Krisenregionen gar nicht denkbar. Im Gaza-Streifen oder in Afghanistan, wo Gewalt allgegenwärtig ist, wäre die Angst um das eigene Leben sonst dauerhaft untragbar groß. Auch wenn es verrückt klingt: Der Glaube an die Wahrscheinlichkeitsrechnung beruhigt – einer von 15 Millionen.

Eyüp

Majestätisch legt die hochmoderne weiße Fähre die verbleibenden Meter bis zum Anleger zurück. Sanft stößt das Gefährt gegen die großen, schwarzen Reifen, die mit dicken Taus am Kai festgemacht sind. Ich werfe einen letzten Blick aus den Panoramafenstern auf das Goldene Horn. Dann steigen wir aus. Bea und ich stehen am Anleger von *Eyüp* und wissen nicht so recht wohin. Ein Mann preist lautstark Zuckerwatte an. Wir gehen weiter. Wir wollen zu *Pierre Lotti*, einem beliebten Aussichtspunkt. Yanık hat ihn uns empfohlen. Der Aussichtspunkt ist nach dem gleichnamigen Architekten bekannt. Das Besondere: Man kann eine Seilbahn nehmen, um hinauf zu gelangen. Die Seilbahn müssen Bea und ich erst einmal finden. Wir gehen nach rechts in Richtung eines Hügels. Der Hügel sieht imposant aus. Von seinem Fuß bis zur Spitze erstrecken sich helle, steinerne Punkte. Von weiter weg habe ich gedacht, dass der Hügel aus Stein oder Sand sein muss – ähnlich wie eine Mondlandschaft. Doch jetzt erkenne ich meinen Irrtum. Es sind Tausende Grabsteine, die sich an den Hang schmiegen. Wir laufen auf einen riesigen Friedhof zu.

Links von uns taucht die versprochene Seilbahn auf. Wir gehen zum Eingang. Wir können mit unserem *Akbil* zahlen, und weil an diesem Tag wenig los ist, müssen wir nur ein paar Minuten warten, ehe wir in eine der Gondeln einsteigen können. Sechs Leute passen hinein. Etwas wackelig wird die Kabine nach oben gezogen. Die größten Baumkronen überfahren wir nur um wenige Zentimeter, so dass ich nicht auf die Idee komme, meine Höhenangst zu spüren. Nach zwei Minuten sind wir an der Spitze angekommen. Wir steigen aus.
Auf einer kleinen Plattform machen die wenigen anwesenden Touristen Fotos. Sie postieren sich vor dem Goldenen Horn. Am Ende der langgezogenen Bucht ist die Mündung in den Bosporus zu erahnen. Es ist leicht diesig.

Direkt neben der Plattform beginnt der Friedhof, der von unten so imposant gewirkt hat. Kunstvolle Grabsteine aus Marmor reihen sich aneinander, dazwischen sind vereinzelt Blumen, Hecken und Bäume zu sehen. „Ganz schön viel Grün für Istanbul“, denke ich leicht zynisch. Zwar erwecken die Pflanzen tatsächlich einen schönen und friedlichen Eindruck, doch die Grabsteine stehen dicht an dicht beieinander. Nach einer Viertelstunde haben Bea und ich genug Todesdaten gesammelt.

Wir sind jetzt an der Rückseite des Hügels. Auch hier erschließt sich uns zu unseren Füßen ein Meer aus Häuserblöcken. Bis zum Horizont ist nichts als Istanbul zu erkennen. Selbst unmittelbar an den Friedhof angrenzend finden sich einfache Hütten, vor denen Kinder spielen. Eine Frau hängt gerade Wäsche auf. Sie mustert uns skeptisch.

Wir laufen wieder in Richtung Seilbahnplattform. Bei unserer Ankunft haben wir einen kleinen Teegarten oberhalb entdeckt. Dort lassen wir uns jetzt nieder und bestellen Çay. Ich mustere die Preistafel: ganz schön teuer. Normalerweise kostet ein Çay 50 Kuruş oder 1 Lira, aber hier bezahlen wir mehr als das Doppelte. Dafür gibt es den Ausblick auf das Goldene Horn gratis dazu.
Ich schaue Bea an. Wir reden über die ersten Monate in Istanbul. Wir vergleichen unsere Eindrücke, die wir bislang gesammelt haben. Kathi ist gemeinsam mit ihren Eltern nach Antalya gefahren, um dort Urlaub zu machen. Plötzlich hat Bea viel Zeit für mich. Aber vielleicht habe ich plötzlich auch viel Zeit für sie. Es läuft nicht gut mit Clara. Ich brauche Zerstreuung. So richtig klappt das nicht. Stattdessen reden wir jetzt *über* Clara. Ich frage Bea, wie sie die Situation einschätzt. Doch es ist kompliziert, zu kompliziert. Irgendwann lasse ich das Thema fallen.

Bea und ich fahren zurück hinunter nach Eyüp. Wir haben noch viel Zeit, daher beschließen wir, uns ein wenig umzusehen.

Kleine, aufwändig restaurierte Häuser stehen hier am Anfang einer Fußgängerzone. Wir befinden uns zweifelsfrei in einem der historischen Stadtteile von Istanbul. Wir passieren einige kleine Marktstände. Bea hält Ausschau nach einem Mitbringsel, das sie einer Freundin in der nächsten Woche nach Kopenhagen mitbringen will. „Ziemliche Privilegien, die wir so haben, mit unseren vielen Reisen", denke ich.

Rechts von uns stehen lange Mauern aus Stein. Dahinter ragen große Minarette in den Himmel. Wir gehen weiter.
Es wird trubeliger, von Tourismus ist nun nichts mehr zu spüren. An einem großen Brunnen sitzen unzählige Frauen, sie sind ausnahmslos in Kopftücher gehüllt. Ich blicke mich um: Fast alle Frauen, die ich erkennen kann, sind hier verschleiert.

Bea und ich bekommen Hunger, und wir laufen noch etwas weiter. Wir betreten eine Einkaufsstraße und ich fühle mich plötzlich an Adapazarı erinnert. Genau wie in Anatolien sieht es hier aus. Die vielen kleinen Geschäfte; unzählige einfache Restaurants, in denen Männer in Kitteln Fleisch von den Spießen säbeln. Einige von ihnen lächeln uns zu. Vermutlich lächeln sie eher Bea zu. Sie fällt auf mit ihren langen, dunkelblonden Haaren. Ich glaube nicht, dass sich viele Ausländer hierher verlaufen.

„Und jetzt skandieren die Fans wieder: Türkiye, Türkiye.
Was so viel heißt wie Türkei, Türkei.“
– Heribert Faßbender

Verblasster Glanz

Galatasaray Istanbul – ein Name, der viele Fußballkenner in Europa mit der Zunge schnalzen lässt. Gheorghe Hagi, Milan Baros, Frank de Boer, Flavio Conceicao, Rigobert Song und selbst Franck Ribéry – sie alle haben die Fußballschuhe geschnürt für jenen Traditionsverein, der 2000 den UEFA-Cup gewann und damit den türkischen Fußball zumindest für einige Zeit verstärkt ins Interesse von Europas Medien rückte. Und in der Türkei werden bei den eigenen Fans Spieler wie Hakan Şükür oder Bülent Korkmaz wie Helden verehrt.

Als seit jeher am Sportgeschehen interessierter Mensch hatte ich mir fest vorgenommen, Spiele aller drei großen Istanbuler Klubs zu besuchen: Galatasaray, Beşiktaş und Fenerbahçe. Schon in Deutschland hatte mir einer meiner Dozenten meine Istanbuler Universität mit den Worten umschrieben: „Die liegt in Beşiktaş, direkt am Wasser. Beşiktaş kennt man ja vom Fußball. Das ist ungefähr das St. Pauli Istanbuls.“ Meine Augen hatten bei seinen Worten geleuchtet, immerhin hatte mein Vater mir die Liebe zum FC St. Pauli vererbt. Vielleicht bin ich auch aufgrund dieser Aussage in Istanbul gelandet.

Schon in Sakarya wäre ich gern zum lokalen Verein, Sakaryaspor, gegangen, doch der Drittligist befand sich gerade in der Sommerpause. So blieb mir nichts anderes übrig, als ein Buch über den türkischen Fußball zu lesen. *Süperlig* von Tobias Schächter hatte ich durch einen Tipp in einer Grabbelkiste in Potsdam gefunden, und das Buch über die Ursprünge des Fußballs in Anatolien und am Bosporus hatte mir einige brauchbare Infos geliefert. Obwohl mir die Lektüre Lust gemacht hatte auf die Stadionbesuche, war ich auch skeptisch, schien man in der Türkei doch ziemlich gravierende Probleme mit Gewalt und Korruption im Fußball zu haben.

Kathi, Bea und ich beschlossen daher, uns selbst ein Bild im Stadion zu machen bei einem der großen drei Vereine Istanbuls. Der Zufall hatte bestimmt, dass meine geplante Stadientour ihren Auftakt im altehrwürdigen *Ali-Sami-Yen-Stadion* nehmen sollte. Das war die Spielstätte von Galatasaray, und sie war nach dem ersten Präsidenten des Vereins benannt worden. Unsere Entscheidung, nicht zuerst zu Beşiktaş oder Fenerbahçe, den beiden großen Istanbuler Konkurrenten, zu gehen, hing auch mit dem Stadion zusammen. Denn in wenigen Wochen würde Galatasaray in eine neu errichtete Arena umziehen, und damit würde eine jahrzehntelange Tradition zu ende gehen. Ali Sami Yen (das Stadion, nicht der tote Präsident) hatte so manche Europapokalschlacht miterlebt.

Doch an diesem Abend waren die Voraussetzungen andere. Die glanzvollen Zeiten auf internationalem Parkett, sie zählten nicht mehr. Obwohl mit Gheorghe Hagi einer ihren Größten auf der Trainerbank Platz nahm, ging es für Galatasaray an diesem Sonntagabend einzig darum, den totalen Fehlstart in die Saison zu vermeiden. Schon die Ansetzung versprach, dass dies nicht mit Zauberfußball zu machen sein würde. Es ging gegen den Tabellenzwölften Manisaspor.

Auf dem Weg zum Stadion in *Mecidiyeköy* boten uns dutzende Verkäufer alle denkbaren – und undenkbaren – Accessoires in gelb und rot an. „Es gibt offensichtlich nichts, was sich nicht auch als Galatasaray-Fanartikel verkaufen lässt", ging es mir durch den Kopf. Wir lehnten dankend ab und liefen weiter. Von allen Seiten strömten Menschen in den Trikots des Heimvereins in jene Richtung, in der das Stadion liegen musste. Wir schlossen uns den Massen an. Die Stimmung war ausgelassen und friedlich.

Der Anblick des in den 60er-Jahren gebauten Fußballtempels, den die Fans liebevoll „Hölle" nennen, war für mich von außen sehr ernüchternd. Die gigantischen Pfeiler der Stadtautobahn, neben denen Ali Sami Yen liegt, wirkten im direkten Vergleich mächtiger.

Vor dem Stadion stießen wir auf ein paar Bekannte. Dass einer von ihnen Türke war, machte es für uns einfacher, ins Stadion hineinzugelangen. Er erklärte uns das Sicherheitsprozedere. Wir mussten ein großes metallenes Drehkreuz passieren, nachdem wir schon vor dem Stadion kontrolliert worden waren. Einzeln wurden wir hindurch geschleust. Die Angst vor Übergriffen aus dem Publikum musste groß sein. Selbst Münzen und Feuerzeuge waren im Stadion verboten. Das Gefühl beim Durchschreiten des Drahtkäfigs war befremdlich. Ich fühlte mich wie ein Verbrecher, und ich war heilfroh, als ich alle Kontrollen unbeschadet überstanden hatte. Bea hingegen musste ihr gesamtes Kleingeld in eine Box werfen. Möge es einem guten Zweck zugeflossen sein...

Im Innern des Stadions dominierte der nackte Beton. Am Verkaufsstand in den Katakomben wurde kein Wechselgeld ausgegeben. Alkohol gab es nicht zu kaufen.
Schnell liefen wir in Richtung unseres Blocks. Dieser lag in der Kurve, und obwohl unsere Tickets laut Aufdruck feste Plätze haben sollten, wusste ich, dass es eine freie Platzwahl geben

würde. Der Verkäufer in Taksim hatte es mir gesagt. Als wir das Rund betraten, erkannte ich sofort warum. Im Zentrum der Kurve hatte sich bereits ein Pulk an Ultras gebildet, das dabei war, sich warm zu singen. Wobei das gar nicht notwendig war, angesichts der angenehmen Temperaturen für einen Abend im November.

Wir suchten uns ein paar zusammenhängende freie Plätze am Rand der Kurve. Die Sitzschalen waren so unglaublich klein und der Fußraum so begrenzt, dass wir eher in den Schalen kauerten, als dass wir wirklich saßen. Überall lagen Schalen von Sonnenblumenkernen herum. Da noch etwas Zeit bis zum Anpfiff blieb, vertrieben sich die Zuschauer die Minuten mit Singen und Rauchen. Die Zigaretten steckten sie sich natürlich mit Feuerzeugen an. Die Geraden, wo die teuren Plätze lagen, wirkten im Gegensatz zu der Kurve reichlich leer, und zum ersten Mal war ich leicht enttäuscht. Ich hatte fest damit gerechnet, dass alle Heimspiele *der großen Drei* ausverkauft sein würden, doch offensichtlich war das Interesse an dieser Begegnung nicht so groß. Die Ticketpreise – wir hatten jeder 20 Lira bezahlt – mögen auch ein Grund gewesen sein, warum die Fans lieber in der Kneipe als im Stadion dabei waren.

Als die Spieler Galatasarays auf dem Feld erschienen, brandete Beifall auf. Die Spieler kamen während des Warmmachens einzeln in die Kurve und ließen sich feiern. Viele von ihnen küssten dabei das Wappen auf ihrem Trikot, um die Verbundenheit zum Verein zu demonstrieren.

Dann rollte endlich der Ball. Von Anfang an zeigte sich, dass die gelb-roten Istanbuler auch an diesem Abend ein Schatten ihrer Selbst waren. Trotz breit angelegter Spielweise und vieler guter Individualisten wie Harry Kewell verpufften nach einer Viertelstunde die ersten Angriffsbemühungen. Die fanatischen Anfeuerungen beim Aufwärmen waren inzwischen aufmunternden Gesängen gewichen. Immer wieder rannte sich der Gastgeber an der Abwehr von Manisaspor fest.

So fanatisch, wie ich ein türkisches Fußballstadion erwartet hatte, war es bei weitem nicht: Flaggen waren offensichtlich verboten, zumindest sah ich keine. Bier trank auch niemand, was den positiven Effekt hatte, dass sich nicht minütlich Zuschauer an uns vorbeidrängten, weil sie Nachschub organisieren mussten. Bengalische Feuer wurden ebenfalls keine gezündet. Aber Anlass dazu bot das Spiel bis dato auch nicht.
Ich blickte in unsere Kurve. Dort wo die Ultras standen, war es so dicht, dass ich das Gefühl bekam, dass hier einige hundert Karten mehr abgesetzt worden waren, als es Plätze gab.
Das Spiel plätscherte dahin, die Fans genossen den spätsommerlichen Novemberabend und demonstrierten ihre unerschütterliche Liebe zu ihrem Verein durch unermüdliche Anfeuerungen.

Dann fiel unvermittelt das 1:0 für den Gast. Ich war weniger überrascht als die meisten anderen im Stadion. Wirklich unverdient war die Führung nicht. Zumindest für einige Sekunden herrschte bei den Fans Totenstille. Danach folgten wütende Rufe. Die Spieler auf dem Platz reagierten ähnlich kopflos. Die ohnehin schon magere taktische Einstellung wurde einem blinden Sturmlauf geopfert – der oftmals bereits im offensiven Mittelfeld endete. Die vielen Distanzschüsse, die auf das Tor von Manisaspor abgegeben wurden, stellten für dessen Keeper keine Prüfung dar.

Die Halbzeit brachte keine Besserung im Spiel des Gastgebers, Manisaspor blieb mit seinen vereinzelten Kontern gefährlicher als das einst so prächtige Galatasaray. Zu allem Überfluss beging einer von Istanbuls Verteidigern in der 76. Minute ein Foul im eigenen Strafraum. Den berechtigten Elfmeter verwandelte Joshua Simpson für den Gast sicher. So plätscherte das Spiel dem Ende entgegen. Immerhin suchte man die Schuld nicht beim Gegner, statt Wut machte sich Enttäuschung breit. Die ersten Fans gingen zehn Minuten vor dem Ende. Auch wir verließen das Spiel kurz vor dem Abpfiff, allerdings nicht aus Enttäuschung, sondern um dem größten Trubel zu entgehen.

Obwohl der Abend in sportlicher Hinsicht ein Flop war – die Partie hatte maximal das Niveau einer deutschen Zweitligabegegnung -, konnte ich meiner imaginären Liste mit den Istanbuler Vereinen den ersten Haken hinzufügen. Ich wusste zu diesem Zeitpunkt noch nicht, dass es der einzige Haken bleiben würde. Und Gheorghe Hagi wusste noch nicht, dass er nicht mehr lange Trainer bei Galatasaray sein würde.

Allein.

„Lass gut sein, Clara. Du brauchst dich nicht mehr um mich zu bemühen." – Immer wieder tippe ich den Satz in mein Handy. Lösche ihn. Verändere ihn. Schreibe ihn wieder hin. Es hat keinen Sinn mehr, so, wie es ist. Immer weiter entfernt sich Clara von mir. Zumindest glaube ich das. Ich würde am liebsten jede freie Minute mit ihr verbringen. Aber je größer mein Bedürfnis danach ist, desto seltener meldet sie sich bei mir. Tagelang höre ich nichts von ihr, und spätestens am zweiten Tag kann ich nicht mehr klar denken. Ich schlafe noch schlechter als sonst und quäle mich zur Universität, um vergeblich auf etwas Zerstreuung zu hoffen.

Sie sei nicht bereit für eine Beziehung hat sie mir an jenem Abend gesagt, als wir an ihrer Wohnungstür standen. Ich habe nicht gewusst, ob ich sie jemals wiedersehen würde. Aber natürlich sind wir beim Marathon am nächsten Tag durch Istanbul gelaufen und gefahren, als seien wir ein altes Pärchen. Eine Woche später haben wir uns geküsst.
Ich weiß nicht, ob es ihr etwas bedeutet hat. Ich denke an die Bilder von ihrer Familie, die sie mir gezeigt hat in jenen Tagen, als alles noch etwas weniger schmerzhaft gewesen ist.

Clara, warum bist du jetzt nicht hier? Mit deinen braunen Augen, mit deinem wallenden Haar und deinem schlurfenden Gang. Ich vermisse deine Ironie und die wenigen tiefgründigen Gespräche. Stattdessen fährst du mit deinen Mädels aus Deutschland nach *Ortaköy*. Ihr wollt Ofenkartoffeln *(Kumpir)* essen. Das hast du mir geschrieben. Und mich gefragt, ob ich dabei sein will. Klar will ich. Aber wozu? Ein bisschen Smalltalk, dann zieht ihr weiter. Und ich bleibe zurück. Fahre wieder nach Taksim und zähle die Minuten in meiner Bruchbude, bis du irgendwann die Zeit findest, mich wieder zu treffen. Es hat keinen Sinn. Ich habe nicht genügend Platz in deinem Herzen.

„Du brauchst dich nicht mehr um mich zu bemühen.“
Ich klicke auf Senden.

Dritter Teil

Niemandsland

„Als deutscher Tourist im Ausland steht man vor der Frage,
ob man sich anständig benehmen muß oder
ob schon deutsche Touristen dagewesen sind."

– Kurt Tucholsky

Flucht nach Antalya

Mitte November machte sich der Herbst vollends breit in Istanbul. Weniger aufgrund des tatsächlichen Klimas – was zwar kühl und feucht war, angesichts der knackigen Minusgrade, die man mir aus Deutschland meldete, aber immer noch human erschien – sondern vor allem aufgrund meiner persönlichen Umstände. Ich fühlte mich ausgebrannt und leer. Ständig musste ich an Clara denken und an mein merkwürdiges Studium, das mich viel arbeiten ließ, ohne dass ich eine Ahnung gehabt hätte, wozu. Außerdem war mir dauernd kalt. Die Heizlüfter, die wir anstelle einer Zentralheizung nutzten, wollte ich nicht rund um die Uhr laufen lassen, da sie für trockene Luft sorgten und jede Menge Strom fraßen. So kühlten die Räume innerhalb kürzester Zeit aus, und zurück blieb ein klammes Gefühl.

Nein, ich wollte einfach nur weg.

Ich entschied mich nach einigem Hin und Her, dorthin zu fliegen, wo es viele Deutsche hinzieht: nach Antalya. Da das Bayram-Fest anstand, bei dem meine Universität – und andere Einrichtungen – für eine Woche lang geschlossen sein würden, konnte ich guten Gewissens in den Urlaub fliegen. Ich buchte über das Internet einige Nächte in einer kleinen Pension. Ich kannte die südliche Küste bislang nur aus billig produzierten

TV-Trailern einschlägiger Homeshopping-Kanäle und aus den glorifizierenden Beschreibungen der *Neckermann-* und *TUI-*Bibeln. Diese versprachen endlose Sandstrände, traumhaftes Wetter und kristallklares Wasser.

Obwohl die Temperatur stimmte, wich mein erster Eindruck nach der Ankunft am Flughafen stark von dem eines Paradieses ab. Der Flughafen-Shuttle in Richtung Stadtzentrum passierte zunächst Kilometer an Teppichhäusern in Gewerbehallen, ehe dutzende Autohäuser folgten. Willkommen in der geschmacklosen Welt des unbegrenzten Ferienkonsums! Die Vorstellung, wie hier in der Hauptsaison busseweise zahlungskräftige Klientel herangeschafft würde, ließ mich die ganze Banalität einer Tourismus-Hochburg erahnen.

Doch im Gegensatz zu den Einfahrtsstraßen wirkte meine Pension im Kern des Altstadtviertels Kaleiçi sehr geschmackvoll und beschaulich. Es hatten nur wenige andere Gäste eingecheckt, darunter ein gemachtes Pärchen aus Bad Saarow und zwei Familien aus Frankreich. Während mich die Franzosen gleich am ersten Abend ins Herz schlossen, als ich mir in wundervoll gebrochenem Schul-Französisch einen Stift lieh, lernte ich die Deutschen erst beim letzten Frühstück kennen, bei dem sie mir eindringlich versicherten, wie schön doch Bad Saarow sei.

Auch wenn die Verlockung vor meiner Ankunft groß gewesen war, den ganzen Tag im Bett liegen zu bleiben, die bloße Abwesenheit des Lärms zu genießen und absolut nichts zu tun, trieb mich die Realität schließlich ins Freie; Das Acht-Quadratmeter-Zimmer mit seinen kühlen 18 Grad lud nicht wirklich zum Nichts-tun ein.

Als sparsamer Student war ich beim Entdecken der Stadt voll und ganz auf die öffentlichen Verkehrsmittel angewiesen. Taxis gab es zwar zur Genüge, und wie in Istanbul fuhren sie unentwegt planlos in der Gegend umher, um herumstrolchende Touristen anzuhupen und aufzulesen, aber die Fahrpreise in die weiter entfernten Stadtteile waren für mich zu hoch. So fand ich mich schließlich in einem Bus wieder – auf dem Weg zum größten öffentlichen Strand der Stadt: *Lara Plajı.*

Mir erschien das Phänomen Strand bis dato immer suspekt: Unmengen an Menschen, die sich in kratzenden Sand legen, um dann nichts zu tun, braun zu werden und bei ihrer Rückkehr nach Deutschland allen davon zu erzählen, wie toll es doch im kratzigen Sand war. Außerhalb des Strandes haben sie maximal noch eine kulturelle Stätte und zwei Teppichfabriken besucht, und das war dann „so aufregend". Trotzdem wollte ich herausfinden, was an der Faszination Mittelmeer dran ist.

Ich war der einzige Tourist im Bus, alle übrigen Fahrgäste stiegen weit vor dem Strand aus. Mehrfach schaute mich der Busfahrer irritiert an, bis ich ihm zu verstehen geben konnte, dass ich zum Lara Plajı wolle und er zustimmend nickte.
Als ich ausstieg, fiel mein erster Blick auf die vermutlich größte Gemeinschaftsgrillstelle der Welt. Bis zum Horizont erstreckten sich dutzende Steingrills und hunderte Sitzbänke umsäumt von spindeldürren Nadelbäumen. Falls Berlins Stadtplaner das chronische Grill-Chaos im Tiergarten jemals in den Griff kriegen wollen, dann so. Direkt dahinter begann der Strand, der wirklich den Bildern aus den Reiseprospekten ähnelte. Für türkische Verhältnisse überraschend müllarm, hatten sich nur einige wenige Badegäste hierher verlaufen, und so wurden meine Stunden am Lara Plajı reichlich erholsam.

Nach meiner Rückkehr zum Quartier schnappte ich mir meine Kamera und strolchte an der langen Promenade entlang der Klippen durch Antalya. Parallel zur Strecke der nostalgischen Tram laufend, stellte ich fest, dass auch hier zu dieser Jahreszeit weitaus weniger Touristen waren, als ich befürchtet hatte. Vielleicht verschanzten sie sich nur in ihren Bettenburgen, aber die unzähligen Teegärten waren ausschließlich von Türken besucht. Unglücklicherweise hatte eine Portion Kumpir vom Vorabend die erforderliche Frische vermissen lassen, und so fand ich mich kurz darauf bereits in meinem Zimmer wieder. Meine vorläufige Planung musste ich ein wenig umstellen: Immerhin gab es auf dem Zimmer *BBC World News* auf Englisch und den türkischen Sportsender *NTV Spor*. So wurde ich beim Pendeln zwischen Toilette und Bett wenigstens bestens unterhalten. Nur kalt war mir immer noch.

Am nächsten Morgen waren die Magenprobleme zum Glück verschwunden, und in der Folge erlebte ich den eindrucksvollsten Part des Unterfangens Antalya. Ich besuchte die Ruinenstadt *Termessos*. Generell hält sich mein Interesse für alte Steine in Grenzen, doch die Lage der jahrtausendealten Anlage auf einem Bergkamm ließ auch mich Bewunderung für diese infrastrukturelle Meisterleistung fühlen.

Eine infrastrukturelle Meisterleistung anderer Art war bereits meine Anreise nach Termessos gewesen. Nach der Tramfahrt zum Busbahnhof und dem Transfer mit einem öffentlichen Minibus wechselte ich am Fuße des Berges in ein Taxi. Die Aussicht auf einen Sieben-Kilometer-Fußmarsch in Turnschuhen und mein Mitleid mit dem Taxifahrer, der einzig und allein auf die Touristen wartete, die zu dieser Jahreszeit kaum kamen, ließen mich den recht happigen Fahrpreis zahlen. Natürlich vertraute ich wie immer in die Rechtschaffenheit meines Handelspartners – und ganz bestimmt ließ ich mich wie immer ein bisschen über den Tisch ziehen. Als Gegenleistung bekam ich dafür ein Gespräch auf Deutsch mit dem Fahrer, der die gleiche Route tagein tagaus seit mehr als 15 Jahren fährt. Er erzählte mir von seiner Familie und seinen Kindern, ich versuchte mich im Gegenzug an ein paar türkischen Sätzen. Allerdings ging mir die Konzentration angesichts der unbegrenzten Fahrbahn in den Serpentinen ab – in der Türkei ist es zudem üblich, in unübersichtlichen Kurven zu hupen, anstatt vom Gas zu gehen.

Heil am Parkplatz in der Mitte des Berges angekommen, kletterte ich in meinen Laufschuhen wie eine Gazelle den Berg hinauf. Eine Gruppe älterer Touristen hatte sich – in voller Wanderermontur mitsamt Alpin-Stöcken – ebenfalls hierher verlaufen. Am höchsten Punkt wartete das Amphitheater. Die exponierte Lage mit traumhaftem Panoramablick führte dazu, dass ich mich so weit entfernt fühlte von Istanbul, wie es nur irgendwie geht. Mitunter hallten fremde Sprachen durch das weite Rund, doch dank meines mp3-Players konnte ich mich auch akustisch von meiner Umwelt abkapseln.

Da ich mit meinem Fahrer bereits eine Uhrzeit für die Rückkehr vereinbart hatte, kraxelte ich bereits wenig später den Berg hinab zum Parkplatz, obwohl ich noch Stunden in dem Berg hätte verweilen können. Auf meinem Rückweg begegnete mir Joschka, ein deutscher Student, der ebenfalls für sein Erasmus-Studium in Istanbul weilte, und der sich mitten auf einer Rundreise durch die Türkei befand. Wir tauschten Handynummern aus mit dem Vorhaben uns zurück in Istanbul auf ein Bier zu treffen. Während er in Richtung des Amphitheaters davon stiefelte, erwartete mich am Parkplatz bereits der grauhaarige Türke mit deutscher Pünktlichkeit.

Bevor ich nach meinem anstrengenden Ausflug in Antalya in mein Quartier zurückkehren konnte, hatte ich allerdings noch einen Auftrag zu erfüllen. Bereits in Istanbul hatte ich mir ein Ticket für das Spiel *Antalyaspor – Gaziantepspor* gekauft, in der Annahme, dass dieses im Atatürk-Stadion im Zentrum stattfinden würde. Auch wenn ich kein waschechter Ground-hopper bin, der seine komplette Wochenendplanung auf slowa-kische Drittliga- und finnische Erstliga-Begegnungen auslegt, so reizt mich der Gedanke, verschiedene Fußballstadien und die dazugehörigen Vereine zu besuchen.

Sicherheitshalber fragte ich im Fanartikel-Container vor dem Stadion nach, ob das Spiel am nächsten Tag tatsächlich hier ausgetragen würde. Zwei hinreißend hilfsbereite Mädels er-klärten mir geduldig auf Türkisch, dass das Spiel leider nicht im Atatürk-Stadion sei, sondern im *Mardan Stadion*. Das stand tatsächlich auch auf meinem Ticket, aber das Mardan Stadion war nirgends in meiner russischsprachigen Karte von Antalya verzeichnet, die ich mir am ersten Tag gekauft hatte. Auf der rückseitigen Umgebungskarte konnten mir die Mädels immer-hin die Ortschaft *Kundu* zeigen, die laut ihrer Aussage am dich-testen zum Standpunkt des Stadions lag – unglücklicherweise war dies 40 km von meinem jetzigen Aufenthaltsort entfernt. Leider reichte mein Türkisch nicht aus, um mir erklären zu lassen, wie in Gottes Namen ich da am folgenden Tag jemals hinkommen sollte. Ich bedankte mich trotzdem und überlegte kurzzeitig, das Spiel Spiel sein zu lassen und stattdessen meine Zeit am Strand zu verbringen.

Schließlich setzte sich meine Neugier durch, und mit ein paar Tipps meines Pensionsbesitzers machte ich mich am nächsten Tag gut drei Stunden vor Anpfiff auf den Weg. Es fühlte sich ein bisschen an, als sei ich Siedler in Nordamerika im 17. Jahrhundert. Glücklicherweise erwischte ich im Zentrum einen Minibus, der laut Schild bis nach Kundu gehen sollte. In großzügigen Schleifen fuhr der Bus durch die Stadt, um den Flughafen herum, durch kleine Dörfer und schließlich an einer Ansammlung von Hotelkomplexen vorbei. Nach gut einer Stunde, einem kleineren Unfall und zahlreichen ein- und noch mehr aussteigenden Menschen hatten sich die Reihen im Fond arg gelichtet.

Was kam, waren weitere Hotelkomplexe mit schillernden Namen wie *Kremlin Palace* oder *Venezia Palace Deluxe*. Für den Straßennamen hatte man sich von Seiten der Stadt wohl keine Illusionen gemacht, wer hier verkehrt, und sich schlicht auf *Lara Turizm Yolu – Lara-Tourismus-Weg –* geeinigt. Die riesigen Areale, die allesamt einen eigenen Zugang zum Meer aufwiesen, schienen zu dieser Jahreszeit wenig ausgelastet zu sein. Als letztes war das *Mardan Palace Ressort* zu erahnen. Hinter hohen Mauern hatte dort ein russischer Geldgeber eines der teuersten Hotels der Welt bauen lassen. Die künstliche Schwimmlandschaft war dem Bosporus nachempfunden worden, und rundherum sollten die Superreichen residieren. Tatsächlich stellten die städtischen Energiewerke dem Luxus-Tempel einige Wochen nach meiner Reise den Strom wegen unbeglichener Rechnungen ab.

Der Bus, der nun bis auf ein paar Jugendliche mit Antalyaspor-Schals völlig leer war, durchkreuzte Baumwollfelder und Wiesen. Wenigstens machten mir die Jungs Mut, nicht völlig verkehrt zu sein in dieser Ödnis. Kurz hinter dem Hinweisschild *Stadion 5 km* bedeutete uns der Busfahrer dann, dass die Route hier zu Ende sei. Inmitten eines kleinen verschlafenen Dorfes mit Pferdegespannen stiegen wir ungläubig aus. Doch was blieb uns übrig, als loszulaufen. Ich folgte den Halbwüchsigen unauffällig im Gänsemarsch. Ich hatte mich innerlich bereits auf den endlosen Spaziergang eingestellt, da zeigte der Besitzer eines leeren, weißen Minitransporters Mitleid und gabelte uns auf. Durch noch mehr Baumwollfelder und solide Fußballplätze hindurch brachte uns der Mann zum Stadion. Mitten im Nirgendwo parkten hunderte Autos entlang des Straßengrabens. Unwirklich lag der nagelneue Sportkomplex vor uns. Das 20.000 Zuschauer fassende Stadion war vielleicht zu einem Viertel ausgelastet. Obwohl hier bereits regelmäßig gespielt wurde, wirkte der Innenbereich reichlich unfertig. In den öden Katakomben mit völlig verstaubten Fenstern fand ein improvisierter Verkauf statt, bei dem eingeschweißte Snacks direkt aus Kartons an den Mann gebracht wurden. Die überwiegend männliche Zuschauerschaft lümmelte sich zum Anpfiff in den Sitzschalen aus Plastik und knabberte unentwegt Sonnenblumenkerne.

Sportlich gesehen gab es zu der Partie wenig zu sagen. Beide Teams rangierten im Mittelfeld der türkischen Süperlig. Die einzigen Spieler, die mir namentlich etwas sagten waren Deniz Barış und Uğur İnceman, weil sie einige Jahre das Leibchen des FC St. Pauli getragen hatten. Sie kickten nun für Antalyaspor, das den morbiden Beinamen *MedicalPark* trug. Eine private Krankenhaus-Kette unterstützte den Verein finanziell und durfte seinen Namen im Gegenzug für einen vereinbarten Zeitraum einbringen. Da war mir Gaziantepspor ohne verkaufte Namensrechte schon lieber. Aber meine Gedanken schweiften mehr und mehr vom Geschehen auf dem Rasen ab und drehten sich um die Frage, wie ich hier je wieder wegkommen würde. Gaziantepspor erzielte das 1:0 und hielt den knappen Vorsprung bis zum Ende. Die Fans des Gastes feierten glücklich in ihrem Block, während die heimischen Anhänger den vielen vergebenen Großchancen ihres Teams nachtrauerten und sich auf den Heimweg machten.

Auch ich lief los und lief und lief und lief. Nach rund zwei Kilometern auf der Straße durch die Baumwollfelder hatten mich hunderte Autos überholt, aber Anstalten mich mitzunehmen machte keines. Die Dämmerung hatte bereits eingesetzt, und inzwischen kamen nur noch vereinzelt PKWs vorbei. Ich begann mich gerade auf einen langen Fußmarsch einzustellen, als ein vollbesetzter Linienbus laut hupend an mir vorbeidonnerte. Aus der offenen Vordertür winkte mir ein Antalyaspor-Anhänger eifrig zu. Ich nahm die Beine in die Hand, und der Fahrer des Busses legte eine Vollbremsung hin. Ich hatte das Gefühl entlang der dornenbewachsenen Böschung schneller zu sprinten als die gesamte Mannschaft an diesem Tag. Mit blutigen Beinen und außer Atem erreichte ich schließlich den Bus. Überglücklich drückte ich dem Fahrer zwei Lira in die Hand und quetschte mich in den Fond, ohne eine Ahnung zu haben, wohin der Bus überhaupt fuhr. Aber egal, Hauptsache weg von hier. Nachdem ich meinen Atem wiedergefunden hatte, brachte ich in Erfahrung, dass der Bus tatsächlich bis in das Zentrum von Antalya fahren würde, und ich machte innerlich drei Kreuze. Genau in diesem Moment kam ein alter Hund vor unser Fahrzeug getrottet. Obwohl der Fahrer hupte und bremste, schaffte es der Hund nicht mehr auszuweichen. Mit einem lauten Poltern und Jaulen kam das Tier unter die Räder. Aber schon im nächsten Augenblick schoss es winselnd an der Seite des Busses hervor und rannte davon.

Nach einer Stunde in der Sardinenbüchse erreichte ich Antalya in gefühlter tiefer Nacht – was für ein Trip für ein Fußballspiel...

Den letzten Tag, meinen Abreisetag, konnte und wollte ich noch ausnutzen, ehe der Flieger am Abend in Richtung Chaos zurückkehren würde. Ich entschied mich für den historischen Ort *Perge*, eine große zusammenhängende Siedlung aus römischer Zeit, die sowohl ein altes Stadion als auch ein Amphitheater besaß. Die Anreise war abermals aufregend, aber wie immer ging am Ende alles gut. Im kleinen Ort *Aksu* schickte ich vom Postamt aus Ansichtskarten ab. Irrtümlich stand ich eine Viertelstunde an einem Schalter an, an dem alte Herren Bargeldbeträge zwischen 50 und 100 Lira einzahlten, und plötzlich fühlte ich mich, als gehörte ich nicht hierher. Mit meinem Reise-Budget, das ein Vielfaches ihrer Beträge ausmachte, fühlte ich mich unwohl. Doch ich blendete den Gedanken aus. Der Postbeamte schickte mich schließlich zwei Schalter weiter, wo mir eine hilfsbereite rothaarige Türkin beim Briefmarken aufkleben half. Sie sprach fließendes Englisch, und neben ihr dürfte Aksus einzige Attraktion der Gong der örtlichen Schule sein: Zur Pause erklingt polyphon Beethovens *Für Elise*.

Aber die eigentliche Attraktion stellte natürlich Perge dar. Nach kurzem Fußmarsch gelangte ich zu dem Gelände. Das Amphitheater war leider geschlossen. Ich schritt an vielen kopftuchtragenden Frauen vorbei, die den Touristen allerlei Schnickschnack anboten. Zu dieser Jahreszeit fanden sich allerdings wenige Touristen ein, und so hatten sich die Frauen versammelt, um miteinander zu plaudern. Kraftvoll erwärmte die Sonne das Gelände Ende November, und ich trottete durch das verlassene Ensemble aus alten Säulen und riesigen Steinblöcken.

Ein wenig abseits des historischen Ortskerns begannen hohe Gräser die Wege zu säumen, und während ich einige kleinere Häuserruinen passierte, tauchte 50 Meter vor mir ein zotteliger Mann auf. Er winkte mir eifrig zu. Ich wollte oder konnte ihn hier im Nichts nicht recht ignorieren, und als ich näher kam, begann er auf mich einzureden. So gut ich konnte, versuchte ich dem braungebrannten Sandalenträger auf Türkisch zu antworten. Er setzte ein breites Lächeln auf und fragte mich, was ich hier mache. Ich erzählte von meinem Auslandssemester und meinem Urlaub. Sein nächstes Interesse galt meiner Adresse. Er meinte, wir müssten doch in Kontakt bleiben. Vertrauensbildung in der Türkei funktioniert irgendwie anders, merkte ich. Trotzdem lehnte ich dankend ab.

An der nächsten Weggabelung wurde ich dafür einem freundlichen älteren Herren vorgestellt, der im grauen Anzug im Schatten einer Säule saß und unentwegt mit Hilfe einer Perlenkette betete. Die Praxis, die Holzperlen durch die Finger gleiten zu lassen und sie als Zählhilfe bei der stillen Lobpreisung von Allah zu verwenden, ist bei den gläubigen Muslimen weit verbreitet. Der Zottelige stellte mir den Anzugträger als seinen Bruder vor. Ich setzte mich auf einen Steinblock und versuchte in Erfahrung zu bringen, was die beiden den lieben langen Tag hier machten. Wahrscheinlich wussten sie das selbst nicht, im Sommer würden sie einem deutschen Archäologen („Ein guter Mann") bei seinen Ausgrabungen behilflich sein. Der Zottelige deutete mit seinem Finger mitten in die Gräser, um mir zu zeigen, dass sie ganz in der Nähe wohnten.

Vielleicht erzählte er mir auch, dass sie an die Touristen Getränke verkauften, aber mein Türkisch stieß hier an seine Grenzen. Zwischendurch spielten wir fröhlich weiter „Gib mir deine Adresse" – „Nein, danke." Der Anzug-Bruder konnte sich erinnern, dass er einmal in Deutschland gewesen war, und als er noch tiefer in sich ging, begann er zu lächeln: „Düsseldorf – Sechs Wochen." Währenddessen hatte der Zottelige begonnen mit hinter dem Rücken verschränkten Armen auf und ab zu laufen. Ich wohnte dem Treiben noch ein Weilchen bei, ehe ich mich freundlich verabschiedete. Natürlich tauchte der Zottelige zehn Minuten später wieder auf, um ein paar Fotos von mir zu machen – und mich ein letztes Mal zu fragen, ob ich ihm nicht meine Adresse geben wolle. Natürlich wollte ich nicht, und so recht wollte mir auch nicht einfallen, wie ihm meine Adresse weiterhelfen könnte. Ich bedankte mich dennoch für die Fotos und verließ den etwas skurrilen Ort. So war mein Highlight nicht das Sammelsurium alter Steine, sondern zwei Herren aus Fleisch und Blut. Ein wenig Menschlichkeit, irgendwo im Nirgendwo.

Cenk

Ich blicke auf mein Handy: kurz vor neun. Ausnahmsweise habe ich es an diesem Freitag pünktlich in die Uni geschafft. Kein Stau unterwegs. Ich betrete den kleinen Seminarraum im ersten Stock der Bahçeşehir-Universität. Von den vielen Dutzend Stühlen sind nur ein paar besetzt.
„Günaydın", begrüße ich die Mädels aus Kasachstan. Lara und Steffen, die anderen beiden Deutschen sind noch nicht da.
Nach wenigen Augenblicken irritiert mich die Wärme, die an diesem Morgen in dem zweckmäßigen Raum herrscht. Ich laufe ans hintere Ende und mustere die riesige Klimaanlage. Doch die ist ausgeschaltet. Stattdessen stehen die Heizkörper auf

höchster Stufe. Jemand muss sie gestern Abend hochgedreht haben, und nun hat sich der Raum aufgeheizt. Ich regele das Thermostat herunter.

Um etwas Sauerstoff hereinzulassen, versuche ich die Fenster zu öffnen. Es gelingt mir nicht. Dafür fällt mein Blick auf die zig Luxus-Karossen, die auf dem Parkplatz hinter der Universität parken. Sie stehen so dicht beieinander, dass es eine Kunst sein muss, das hinterste Auto wieder herauszubekommen. So ein bisschen wie in diesen Verschieberätseln, in denen man als Kind versucht hat, kaputte Bilder zusammenzusetzen.

Die Tür geht auf. Cenk tritt herein. Ich kann mir nicht helfen, aber unser Lehrer erinnert mich an eine Figur aus einer längst verblassten Epoche. Mit seiner makellosen Kleidung, seinem stets akkurat rasierten Bart und seinem höflichen Auftreten passt der ältere Herr nicht zum übrigen, windschnittigen Lehrpersonal. Hinzu kommt sein merkwürdiges Verhalten vor einigen Wochen. Über die ständig wechselnde Zusammensetzung des Kurses muss er sich so geärgert haben, dass er wutentbrannt den Raum verlassen hat – und an jenem Tag nicht mehr zurückgekehrt ist. Beim nächsten Mal hat er erklärt, dass er zum Arzt gegangen ist. Dass der Mann sich die kleineren Probleme so zu Herzen genommen hat, finde ich auch in der Rückschau befremdlich.

Cenk beginnt mit seinem Unterricht. Er verfällt gleich zu Beginn in einen Monolog: auf Türkisch. Verzweifelt beginne ich die unzähligen, mir unbekannten Wörter in meinem kleinen Wörterbuch nachzuschlagen, doch es ist hoffnungslos. Ich bin zu langsam. Er ist zu schnell. Die kasachischen Mädels lachen. Sie haben keine Probleme, ihn zu verstehen. Kasachisch – das habe ich inzwischen begriffen – ist mit dem Türkischen verwandt. Ich frage mich, was sie hier eigentlich wollen.

Es klopft – Lara und Steffen. Sie entschuldigen sich für ihr Zu-
spätkommen. Heute ist Cenk nicht schlecht gelaunt. Er begrüßt
sie freundlich und bittet sie an ihren Platz. Mitunter wird er
leicht cholerisch, was irgendwo verständlich ist, wenn fast alle
zu spät kommen. Aber seine Autorität stärkt diese Wut nicht.
Im Gegenteil: Es wirkt eher, als kämpfe Cenk einen Kampf
aus längst vergessenen Tagen. Als er jung war, gab es wahrscheinlich noch weitaus mehr Disziplin in den Universitäten
des Landes. Heute gibt es iPhones.

„You must learn...", beginnt Cenk jetzt bedeutungsschwer
einen seiner wenigen englischen Sätze. Er versucht uns drei
Deutschen zu erklären, worum es geht. Aber meistens fehlen
ihm die Worte. Dann helfen ihm die kasachischen Mädels mit
englischen Vokabeln aus, woraufhin Cenk weise nickt.
Doch Cenk findet seine Worte. „You must learn... vowel harmony." Bei „vowel harmony" vollführt seine Zunge eine akroba-
tische Meisterleistung. Cenk blickt uns stolz an.
Wie, als sei das alles nur ein Irrtum gewesen, wechselt er unvermittelt zurück ins Türkische. Schnell wird mir klar, dass es
auch heute um die Zusammensetzung von Wörtern gehen wird.
Ich seufze leise. Damit kenne ich mich inzwischen wirklich
aus. Nimmt man zwei Substantive, um einen neuen Begriff zu
erschaffen, wird an das zweite Substantiv ein -i oder -si an-
gehängt. „*Türk*" (türkisch) und „*kahve*" (Kaffee) ergeben zum
Beispiel „*Türk kahvesi*" (Türkischer Kaffee). Dann gibt es
noch persönliche Besitzverhältnisse und Adjektiv-Substantiv-
Verbindungen. Nicht, dass die türkische Sprache so einfach
wäre, aber der vorgeschaltete Intensiv-Sprachkurs war wohl
doch effektiver, als gedacht.
Auch Lara und Steffen verdrehen die Augen.
Cenk fällt es schwer, das Niveau des Kurses zu finden. Wenn

er Türkisch spricht, verstehen zumindest wir Deutschen nichts, dafür sind die Unterrichtsinhalte allesamt machbar. Und ich glaube die Kasachinnen fühlen sich permanent unterfordert.

Cenk ist gerade dabei, jenes Schema an die Tafel zu schreiben, welches bereits in der letzten Woche dort gestanden hat. Akkurat zieht er mit der Kreide seine Kreise. Das hat etwas Meditatives, auch angesichts der immer noch großen Wärme im Seminarraum. Schon nach zehn Minuten frage ich mich, warum ich heute Morgen eigentlich aufgestanden bin.

„Wenn unsere Sinne fein genug wären,
würden wir die unbewegt ruhenden Felsen
als tanzendes Chaos erfahren. "
– Friedrich Nietzsche

Georgians On My Mind

Schnell hatte mich der Alltag nach meiner Rückkehr aus Antalya wieder. Die Ereignisse im Süden der Türkei verblassten schon nach wenigen Tagen. Ich ging weiterhin zur Uni. Ich fragte mich jeden Tag, ob mein Leben ohne Clara noch einen Sinn hätte. Und ich unternahm etwas mehr mit Alex, der mir inmitten des wechselhaften Erasmus-Lebens wie eine Fackel im Sturm, wie eine letzte Bastion vorkam. Neben der Geschichte mit Clara machte mir vor allem eines zu schaffen: der dauerhafte Lärm im Umkreis unserer Wohnung.

Dabei fing alles ganz harmlos an. Die georgischen Mieter unter unserer Etage glänzten in den ersten Wochen nach meinem

Einzug durch Abwesenheit. Da auch niemand mehr über uns wohnte, kam der einzige Lärm von den Straßen.

Es war irgendwann im Oktober gewesen, als ich nachts trotz Oropax aufwachte, weil es draußen wieder einmal überdurchschnittlich laut war. In einem Stadtteil zu wohnen, der zu den belebtesten Europas zählt, sowie eine Polizeiwache in der Nachbarschaft zu haben, sind nicht unbedingt die besten Voraussetzungen für nächtliche Ruhe. Aber in diesem Fall stellte ich mit Verwunderung fest, dass der Lärm gar nicht von außerhalb kam, sondern von den bis dato nicht existenten Mietern unter uns verursacht wurde. Die brisante Mischung aus elektronischer Musik aus scheppernden Boxen samt brummendem Subwoofer und ultradünner Holzdecke übertrug die Schallwellen bis auf mein Bettgestell und ließ mich aufrecht im Bett sitzen. Es dauerte ewig, bis ich wieder in einen unruhigen Schlaf fiel, aber ich machte mir zu diesem Zeitpunkt nicht allzu viele Gedanken über den Lärm.

Das änderte sich, als unsere Nachbarn auch in den folgenden Nächten fast immer meinen persönlichen Schmerzpunkt für Lautstärke überschritten. Lautes Gelächter, Gitarrenspiel, die Explosionen aus Action-Games, Techno – irgendwas war immer.

Als friedfertiger Mensch suchte ich an einem der Abende das Gespräch und stapfte schlaftrunken hinunter. Meiner Bitte, doch nachts nicht ganz so laut zu sein, begegnete Grigor, dessen Zimmer direkt unter meinem lag, mit einer hochgezogenen Augenbraue. In gebrochenem Englisch erklärte er mir, dass sie auch jeden unserer Schritte hören könnten, dass sie gar nicht überdurchschnittlich laut seien und überhaupt. Er schien nicht

so recht verstehen zu können, dass wir unter der Woche zur Uni
bzw. Arbeit gehen mussten.

Frustriert kehrte ich an jenem Abend zurück in mein Stahl-
bett. Zwar war es nach meiner Unterredung mit Grigor ruhiger
geworden, so dass ich irgendwann einschlafen konnte, doch
schon am nächsten Abend hörte ich endlose Gitarrencover von
Knockin' on Heaven's Door. Erst nach ein paar gepflegten
Sprüngen auf den Holzboden kehrte bei Grigor Ruhe ein.

Als ich Emre auf die Problematik ansprach, meinte er: „Sie
sind Georgier, sie trinken zu viel, und dann wissen sie nicht
mehr, wie laut sind." Eine weise Einschätzung. Doch statt eines Lösungsvorschlages fügte er nur sein schief aufgesetztes
Lächeln hinzu. Damit war für ihn das Thema erstmal beendet.
Offensichtlich freundeten sich die Georgier in der Folgezeit
mit den Portugiesen aus dem 1. Stock an. Auch dort gab es all-
abendlich Zusammenkünfte. So verlagerte sich der Unruheherd
zwischenzeitlich in ihre Wohnung, aber im Umkehrschluss
kamen die Portugiesen genauso oft zu Besuch. – „Gespräch"
Nummer zwei und drei mit Grigor hatten ebenso wenig Erfolg.

Zudem entwickelte der hagere Mann mit dem glasigen Blick
eine Vorliebe für *Paul Kalkbrenner*. Nahezu täglich erklangen
die Beats des deutschen DJs und machten auch unser Zimmer
zu einem Dancefloor. Selbst Yanık, der sich nachts nie gestört
gefühlt hatte, konnte nicht mehr studieren und wir entschieden uns für den Gegenangriff. Mit einem noch scheppernderen
Boxensystem ließen wir *Peter Fox* erklingen. Ein 1A-German-
Battle in Istanbul sozusagen. Allerdings ging uns Peter Fox
nach einer Viertelstunde selbst tierisch auf die Nerven, und
nachdem von unten keine Reaktion kam, erklärten wir den Gegenangriff für gescheitert. Kalkbrenner: eins – Fox: null.

Und so wandte ich mich an einem der nächsten Tage völlig entnervt wieder an Emre. Der wollte nun Vermittler spielen und holte Grigor und mich an einen runden Tisch. Grigor, dessen Gesichtsausdruck puren Widerwillen widerspiegelte, meinte, dass er überhaupt nicht verstünde, weshalb ich ihn nicht direkt angesprochen hätte, sondern hinter seinem Rücken agieren würde. Ich könne doch nicht ernsthaft erwarten, dass es in Beyoğlu ruhig sei. Der größere Lärm käme ja von draußen. Meine Argumente, dass wir uns in einem Wohnhaus befinden, und dass wir Arbeitnehmer und Studenten sind, die auch zuhause studieren, ließ er nicht gelten.

Yanık sprang mir zur Seite, und auch Emre meinte, dass es so nicht ginge. Grigor war beleidigt, wir rieten ihm zu Kopfhörern. Er ging, kam allerdings nachdem Emre weg war, noch einmal hoch, um sich selbst zu vergewissern, dass es so laut war, wie von uns beschrieben. Er meinte, dass nicht viel zu hören sei und riet mir, ich solle das nächste Mal klassische Musik spielen, dann würde ich die andere Musik gar nicht mehr wahrnehmen. So mache man das auch an großen Arbeitsplätzen.

Yanık und ich schüttelten nur den Kopf und waren uns sicher, dass Grigors Ohren von zu vielen Partys bereits beträchtlichen Schaden genommen hatten. Wann der angebliche Student überhaupt in der Uni war, ist mir bis heute schleierhaft.

Schon am nächsten Tag drehte Paul Kalkbrenner wieder seine akustischen Runden im dritten Stock.

Moving to the Nische

Es geht nicht mehr. Stundenlang dämmere ich vor mich hin. Unklare Traumbilder türmen sich vor mir auf. Die Kopfhörer

meines mp3-Players stecken unangenehm tief in meinen Ohren. Ich werde halbwach. Meine Hände tasten nach dem Play-
er. Wieder drücke ich auf Play. Beethoven erklingt. Auch sein
Klavierkonzert Nr. 5 bringt mich nicht zur Ruhe. Von unten,
von draußen, von überall schwillt der Lärm an. Bässe, überall
Bässe. Das Bett vibriert. Ich drehe mich um. Also kein Beethoven. Irgendwas anderes. Hilft auch nicht. Nicht mehr. Ich
rolle meine Augen zurück. Der Heizlüfter surrt. Ich stehe auf.
Es geht nicht mehr.

Es ist drei Uhr nachts. Ich greife nach meiner Matratze und
bugsiere sie durch die schmale Tür meines Zimmers. Wuch-
te sie hinaus. Auf der anderen Seite unseres Wohnflures liegt
die kleine Nische, die ich so mühevoll aufgeräumt habe. Ich
lege die Matratze hinein. Dann hole ich meine Bettwäsche. Ich
schalte das Licht aus und lege mich hin. Noch immer surrt der
Heizlüfter. Eine Tür gibt es nicht. Doch die Bässe, sie erklingen
nur noch dumpf, wie aus weiter Ferne.
Ich verfalle in einen unruhigen Schlaf.

Kurz vor zwölf

Mitte Dezember war ich endgültig in die kleine Nische überge-
siedelt, ich hatte vor dem Lärm in meinem Zimmer kapituliert.
Emre wunderte sich zwar, eine Mietminderung bot er mir aber
nicht an. Zumindest in der Nische konnte ich – auch, weil meine Mitbewohner große Rücksicht auf mich nahmen – halbwegs
gut schlafen. Nur die kalten Nächte, in denen der Wind herein-
pfiff, wurden wirklich unangenehm. Uns blieb keine Wahl, als
die Heizlüfter die ganze Nacht hindurch laufen zu lassen.

Weil Alex noch mit das beste Zimmer erwischt hatte und zudem länger als ich in Istanbul bleiben würde, beschloss er, seinen vier Wänden einen neuen Anstrich zu verpassen. Er und ich brachten sein Zimmer in einer Drei-Tages-Aktion auf Vordermann. Das gammelige Babyblau an den Wänden musste einem strahlenden Weiß weichen. Beim Abspachteln zur Vorbereitung kratzten wir mindestens fünf Schichten alte Farbe von den Wänden – und die dahinter verspachtelten Risse hätten jedem Statiker die Tränen in die Augen getrieben.

Nach Schätzungen dürfte nur ein kleiner Teil der Bebauung Istanbuls ein Erdbeben unbeschadet überstehen. Dass ein solches Erdbeben kommen wird, ist unbestritten, die Frage ist nur: wann? Da der größte Teil der Istanbuler in reichlich geflickten Wohngebäuden lebt und man – trotz der mangelnden Erdbebensicherheit – nicht von heute auf morgen Millionen Menschen auf die Straße setzen kann, bleibt nichts als die Hoffnung, man möge einem düsteren Schicksal entgehen.

Bei der Renovierung von Alex' Zimmer stießen wir auch auf ein Mäuseloch, und endlich war klar, wie die bisherigen Nager in unsere Wohnung gekommen waren. Das Loch wurde zugestopft und das Bett wieder davor geschoben. Leider hatte das Abspachteln und Streichen jede Menge Dreck verursacht, und unser Staubsauger war nicht unser Freund. Der Stecker war bereits etliche Male repariert worden und entsprechend unsicher sah er aus. Ihn in die Mehrfachsteckleiste zu stecken, die mit einem extrem dünnen Draht quer durch den Raum ging, sorgte jedes Mal für knisternde Spannung in Form eines spannenden Knisterns.

Driving Home For Christmas

Ich hatte lange gezögert, ob ich über Weihnachten nach
Deutschland fliegen sollte oder nicht. Meine Überlegungen dafür und dagegen hatten bereits im Spätsommer begonnen, als
sich herauskristallisierte, dass es zwei Gruppen von Erasmus-
Studenten geben würde: Jene, die in Istanbul bleiben würden,
und jene, die in ihr Heimatland fliegen würden.

Ursprünglich ging es für mich darum, das Semester komplett
fernab von Deutschland zu verbringen. Ich wollte mir bewei-
sen, dass es geht. Außerdem war ich neugierig, wie es sich
anfühlen würde, das erste Mal Weihnachten nicht unter einem
Tannenbaum mit meiner Familie zu verbringen.
Hinzu kam, dass es in der muslimisch geprägten Türkei keine Feiertage zu Weihnachten gibt und die Menschen ganz re-
gulär ihren Tätigkeiten nachgehen. Auch das Semester an der
Bahçeşehir-Universität würde unbeirrt fortgesetzt werden. Am
24. Dezember, einem Freitag, stand mein Türkischkurs bei
Cenk auf dem Programm.

Doch je schlechter meine Wohnsituation wurde, umso mehr
lechzte ich nach einem Wiedersehen mit meiner Familie und einer kurzen Rückkehr ins winterliche Deutschland. Und so hatte
ich nach langem Zögern im November meine Flüge gebucht.
Alex würde ebenfalls fliegen, ebenso Clara und Annalisa.

Letztere Erkenntnis versetzte mir einen Stich. Als ich mich entscheiden musste, da hatte auch eine Rolle gespielt, dass Clara über Weihnachten nicht da sein würde. Ich konnte mir nur sehr schlecht vorstellen, dass sie im Kreise ihrer Familie weilen würde und ich allein in Istanbul zurückblieb. Doch wie sich die Dinge entwickelt hatten, waren diesen Überlegungen völlig überflüssig gewesen. Ich hätte mich in Istanbul an Weihnachten wohl als der einsamste Mensch der Welt gefühlt, selbst wenn sie für die Feiertage in der Stadt geblieben wäre.

Trotzdem: Je näher die Heimkehr nach Deutschland rückte, desto mehr fühlte ich mich in Vorweihnachtsstimmung. Zumindest diesen Spaß wollte ich mir nicht nehmen lassen. Es gab selbst in Istanbul kleine Läden und große Baumärkte, in denen Weihnachtsdekoration verkauft wurde. Ich organisierte einige ungemein kitschige Dinge, um die ich in der Heimat einen großen Bogen gemacht hätte: einen Weihnachtsmann als Kerze, einen roten Porzellanbecher mit weißem Zuckergussrand und eine blinkende Lichterkette. Ich hatte die Sachen in einem kleinen Bastelladen in *Osmanbey* gekauft und sie ergänzten sich hervorragend mit den Honigwachskerzen und den grünen Tannenzweigen, die Alex beim Weihnachtsbasar der deutschen Schule Istanbul besorgt hatte.

Eine Weihnachtskerze mit Bratapfelaroma, die ich bei IKEA gekauft hatte, brannte ziemlich oft, denn die Wohnung war der einzige Ort, an dem es etwas vorweihnachtlich werden konnte. In den Straßen Beyoğlus sah es sonst aus wie immer. Lediglich ein paar futuristische Lichtinstallation am Taksim-Platz und entlang der İstiklal waren hinzugekommen – allerdings nicht für Weihnachten, sondern für das Neue Jahr. Doch nicht nur die mangelnde Dekoration, auch das Wetter ließ wenig Inspiration für Weihnachten zu. Der Indian Summer hatte der Stadt noch bis in den Dezember hinein Temperaturen bis 25 Grad beschert, danach war das Thermometer rapide gefallen. Bei einstelligen Graden und viel Regen war Istanbul erst im tiefen Herbst angekommen.

Gegen den Herbst-Blues im Dezember veranstalteten Yanık, Alex und ich eine Weihnachtsparty. Wir hatten alle unsere Bekannten in Istanbul eingeladen. Neben der Weihnachtsdeko sollte vor allem ein gemeinsames Wichteln für heimatliche Gefühle sorgen. Dazu hatten wir jeden, der wollte, aufgefordert, ein kleines Geschenk mitzubringen.
Eine ganze Reihe von Menschen, die wir aus unseren Sprachkursen oder von der Uni kannten, war unserem Aufruf gefolgt und es wurde ein feuchtfröhlicher Abend, an dessen Ende fast jeder ein neues Paar Handschuhe besaß.

Als ich einige Tage später schließlich im Shuttle in Richtung *Atatürk-Airport* saß, da fühlte ich mich trotz der gelungenen Party ein wenig wie John McClane in *Stirb Langsam I,* als er sich an Weihnachten auf den Weg nach Hause macht. Ich freute mich wahnsinnig auf den Kurztrip nach Deutschland – und glücklicherweise kamen mir keine Schurken in die Quere.

In Hamburg holte mich mein Bruder am Flughafen ab, und wir fuhren Richtung Zentrum. Die Hamburger S-Bahn hatte ich noch nie so ruhig wahrgenommen. Menschen saßen schweigend auf ihren Plätzen und waren in Zeitungen versunken. An uns zogen die tief verschneiten Stadtteile *Ohlsdorf* und *Barmbek* vorbei.
Als wir die S-Bahn verließen, begann ich sofort zu frieren. Es war deutlich unter null Grad, und es wehte ein scharfer Wind.

„Letzte Woche war es kälter", sprach mein Bruder mir Mut zu. Ich zitterte und zwang mich zu einem Lächeln.

Nach einer dreistündigen Bahnfahrt erreichten wir schließlich meine Heimatstadt Varel. Natürlich gab es ein herzliches Wiedersehen, obwohl der Aufenthalt meiner Eltern in Istanbul noch gar nicht so lange her war. Ich erzählte von meinen letzten Erlebnissen und verteilte jede Menge Süßigkeiten, die ich mitgebracht hatte.

Die folgenden Tage fror ich; Trotz Ofen und Heizung machte mir der Winter in Deutschland schwer zu schaffen.

Wenn ich nicht fror, wunderte ich mich über den Lebensstandard, der mir vorher nie bewusst geworden war: Die leeren, aufgeräumten Straßen in der norddeutschen Provinz, das ungechlorte, weiche Wasser, die funktionierende Zentralheizung – all das brachte mich leicht aus dem Konzept. Kulturschock sich dieses Phänomen wohl. Nur diesmal in die andere Richtung.

Nach den Weihnachtsfeierlichkeiten, die viel zu schnell vorbei gingen, wartete am Tag meines Rückfluges der größte Teil des allgemeinen Kulturschocks: Gemeinsam mit meiner Familie, die mich diesmal nach Hamburg begleitet hatte, ging ich einkaufen. Ich wollte nicht mir leeren Händen zurückkehren. Im Supermarkt traf mich fast der Schlag. Die endlose Auswahl an günstigen Lebensmitteln überforderte mich komplett. Ich wankte vom Käseregal zu den Spirituosen und packte all jene Dinge in meinen Wagen, von denen ich wusste, dass sie in Istanbul überhaupt nicht zu bekommen waren – oder unbezahlbar waren. Frischer Käse, Wildpastete, Schnaps, Filterkaffee. Das schönste Weihnachtsgeschenk machte ich mir somit selbst, kurz bevor es hieß: „Auf Wiedersehen, Deutschland".

Meine Rückkehr war dennoch viel zu kurz gewesen, als dass ich wirklich hätte ankommen können. Es war eher eine Stippvisite und komischerweise fühlte ich auch bei meiner Ankunft in Istanbul so etwas wie heimatliche Gefühle. Sechs Grad und Sprühregen und plötzlich war mir nicht mehr kalt. Dennoch hing das heimelige Gefühl weniger mit meiner Vorfreude auf die verbleibenden sechs Wochen zusammen, sondern eher mit der Tatsache, dass ich mich inzwischen wirklich zurecht fand. Ich kannte den Flughafen, ich wusste, wo mein Shuttle abfuhr, ich konnte mich auf Türkisch unterhalten.

Während ich vor dem Terminal auf den *Havaş-Shuttle* wartete und mir eine Zigarette ansteckte, kam ich ins Gespräch mit einer jungen Frau, die ebenfalls aus Deutschland hergeflogen war. Sie erzählte, dass sie aus Ostfriesland kam und ihren türkischen Freund besuche. Sie war erst siebzehn oder achtzehn, aber bereits das zweite Mal auf eigene Faust in Istanbul. Türkisch konnte sie nur wenig, und ich war tief beeindruckt von der Furchtlosigkeit der Besucherin aus Ostfriesland.

Vielleicht hing diese Furchtlosigkeit zusammen mit einer anderen Begebenheit, von der sie mir kurz darauf ganz offen erzählte: Sie litt unter einer seltenen Erkrankung, bei der ihre Hüftgelenke sich ständig auskugelten. Normalerweise werden Babys auf diese Fehlbildung hin untersucht – und falls es notwendig ist, bekommen sie eine Spreizhose, so dass in späteren Jahren keine Folgen zu erkennen sind. Doch bei ihr war die Untersuchung versäumt worden.

Und nun trug sie die schweren Folgen. Sie hatte sich bereits einer Operation unterzogen und danach zwei Monate im Krankenbett gelegen. Das Ergebnis war niederschmetternd gewesen: Die Operation hatte nichts verbessert.

Und doch blickte die junge Frau mit offenen Augen in die

Zukunft und lächelte angesichts der schönen Dinge, die noch kommen würden.

Am Taksim holte ihr Freund sie ab, und ich blickte den beiden eine Weile nach, ehe ich mich in Richtung Chaos zurückbegab.

Das Dach der Welt

„Nein, so habe ich mir das nicht vorgestellt", denke ich.

Ich blicke in das Rund: Roos und ihr Freund, Constantin, ein befreundetes Pärchen von mir aus Deutschland – sie alle hocken auf schmuddeligen Matratzen, die in der Mitte von Roos' Zimmer auf dem Boden liegen. Ein paar Bier, eine Flasche Wein und Tüten mit Kartoffelchips, die wir noch schnell beim Kiosk gekauft haben, stehen neben den Matratzen. Krümel fallen auf die Matratzen, eine Bierflasche wird umgestoßen. Leichtes Gelächter. Alkohol liegt in der Luft. Ich habe keine Lust mehr zu trinken. Es scheint, als sei mein Abend nicht zu retten.

Es ist also alles wie immer. Wochenlang, nein monatelang steht die Frage im Raum, was man an Silvester macht, und dann ist das Ergebnis eine einzige Enttäuschung.

Wir sind wieder einmal in Rumeli Hisarüstü gelandet. Wenn nicht am Arsch der Welt, so doch zumindest am Arsch von Istanbul. Wenn man gut durchkommt, sind es nur 30 Minuten von Taksim. Manchmal werden daraus zwei Stunden. Schon bei unserer Ankunft früher am Abend hat das Viertel merkwürdig tot da gelegen.

„Wahrscheinlich sind sie alle ins Zentrum gefahren", denke ich, „dorthin, wo wirklich etwas los ist." Doch schon vor Wochen haben uns Emre und Yanık gewarnt vor Silvester in genau diesem Zentrum. In Taksim. Es sei dort viel zu voll und viel zu gefährlich, haben sie gesagt. Rumeli Hisarüstü klang nach einer guten Alternative: Panoramablick aus der Panoramabar, noch dazu in einem ruhigeren Teil der Stadt, ohne Gefahr zu laufen, mit Raketen abgeschossen zu werden.

Doch schnell hat sich die Panoramabar als Reinfall entpuppt. 70 Lira Eintritt haben sie verlangt. Besten Dank auch. Alle anderen Bars in Rumeli Hisarüstü sind an diesem Abend geschlossen. Auch jene gemütliche Kneipe, in der wir vor einer gefühlten Ewigkeit das EM-Qualifikationsspiel zwischen Deutschland und der Türkei geschaut haben. Damals, als Istanbul in den Wassermassen versunken ist und Clara und ich im Schutze der Überdachung Händchen haltend geraucht haben.

Die Minuten schleppen sich. Ich wünschte, ich wäre nicht an diesem trostlosen Ort. Ich schreibe Yanık eine SMS. Er hat gesagt, dass er heute nicht mehr raus geht, sondern dass er an irgendeinem Studienprojekt weiterarbeitet. Verrückter Kerl. Ich frage mich, ob ich mit ihm tauschen wollte an diesem Abend. Will ich auch nicht. Ich weiß nicht, was ich will.

Irgendwann geht das Herumgesitze zu Ende. Die Uhr schreitet langsam gen Mitternacht und wir machen uns auf den Weg zum Campus der Boğaziçi Universität. Der Blick von hier auf den Bosporus ist großartig. Ich lege meine Hoffnungen in das Feuerwerk.
Immerhin: Drei Flaschen Sekt haben wir noch. Für sechs Personen keine schlechte Quote zum Anstoßen. Dabei gibt es in der Türkei in normalen Geschäften gar keinen Sekt zu kaufen. Roos' Freund hat zwei der Flaschen mitgebracht, die dritte

habe ich im Duty Free gekauft. Sie hat 17 Euro gekostet und ist komplett mit goldener Folie überzogen. Ich blicke auf die goldene Flasche. Frage mich, ob man 17 Euro schmecken kann. Vermutlich nicht.

So ganz tot scheint das Viertel doch nicht zu sein. Auf dem Weg in Richtung Campus begegnen uns einige andere Grüppchen. Natürlich ist das Häuschen am Einlass noch besetzt. Arme Kerle, die heute Dienst schieben müssen. Doch wir können einfach passieren. Ich frage mich, ob das Alkoholtrinken hier auf dem Campus nicht eigentlich verboten sein muss. Und ob es eine Anweisung gibt, an Silvester auf die Berücksichtigung dieser Regel zu verzichten.
Wir laufen einen schmalen Weg hinab, der von Büschen eingefasst ist. An den Seiten liegen ein paar Katzen. Schließlich enden die Büsche an der eine Seite, wo ein größerer Vorsprung gepflastert ist. Darauf stehen Bänke. Rund 50 Menschen stehen bereits ebenfalls hier und warten auf den Jahreswechsel.

Dann ist es soweit. Wir beginnen gemeinsam den Countdown für das neue Jahr 2011 herunterzuzählen. Ich habe mir nichts vorgenommen. Höchstens, mehr zu rauchen. Damit das auch funktioniert, habe ich mir kurz vor 0 Uhr eine Kippe angesteckt. Hallelujah, irgendwie kann es nur aufwärts gehen.

Am Ende des Countdowns ist es dann wie immer: Alle Menschen schreien „Happy New Year" oder „*Mutlu Yıllar*" oder was man sonst noch so in seiner Sprache schreien kann und fallen sich in die Arme, als wenn sie sich seit Jahren nicht gesehen haben. Flaschen werden geköpft, wobei ich mich frage, womit die Türken anstoßen, die keine Gelegenheit gehabt haben, Sekt zu kaufen.

Wir beginnen mit unseren drei Flaschen. Ich blicke auf den Bosporus hinaus. Eigentlich sollte da jetzt ein riesiges Feuerwerk zu sehen sein. Eigentlich. Stattdessen: Eine Handvoll einsamer Raketen, dann wieder schwarze Nacht. Verdammt.

Also: Mehr trinken. Wir schaffen die drei Flaschen in einer halben Stunde. Fotos werden geschossen, die Hälfte davon ist verwackelt.

Langsam löst sich die anonyme Party-Squad „Boğaziçi University" in ihre Grüppchen auf. Auch wir stiefeln zurück in Richtung von Rumelis Zentrum, welches lediglich aus einem Kreisverkehr besteht. Es gibt eine kurze Beratschlagung, was wir machen.

„Wir könnten ja zurück zu Roos gehen und noch ein Bier trinken", sagt irgendwer.

Ich will nur noch weg. Ich schaffe es, die anderen zu überzeugen, dass wir doch nach Taksim sollten. Chaos? Gefahr? Ist mir jetzt auch egal. Wir werden es schon überleben. Ob wir auch die Einsamkeit Rumeli Hisarüstüs überleben würden? Da bin ich mir nicht so sicher.

Wir nehmen den erstbesten Bus. Es ist wahrscheinlich das erste Mal in Istanbul, dass wir einen Bus fast für uns allein haben. Klar, wer fährt an Silvester auch freiwillig quer durch die Stadt? Immerhin fließt der Verkehr. Wir brauchen zwanzig Minuten, Rekordzeit. Verzweifelt springe ich am Taksim-Platz aus dem Bus, zerre die anderen mit. Zu viel Sekt in zu kurzer Zeit. Meine Blase. So groß kam mir der Platz noch nie vor. Ich sehe viele Menschen, aber im Moment ist mir egal, wie viele es sind. *Burger King* hat geschlossen. Verdammt. Wieso hat Burger King an Silvester geschlossen? Im benachbarten Köfte-Restaurant sagen sie etwas von „Klo kaputt" oder so. Wer's

glaubt. Alle zwei Meter blicke ich mich um, um sicher zu gehen, dass auch keiner verloren gegangen ist. Wir pflügen uns im Laufschritt durch die feiernden Menschenmassen.
In einer Seitengasse haben wir Glück. Es gibt hier Toiletten. Wir bezahlen jeder einen Lira und dürfen hinein. Kurzzeitige Glückseligkeit.

Als wir kurz darauf wieder versammelt sind, erinnere ich mich an eine Kneipe, in der ich mit Clara und zwei Freundinnen von ihr aus Deutschland gewesen bin. Sie liegt nur einen Katzensprung entfernt und wir können uns parallel zur völlig überfüllten İstiklal hinbegeben. Böller gibt es hier allerdings keine, auch sonst ist von einem Feuerwerk nichts zu sehen. Aber mittlerweile ist es auch weit nach eins.
Wir erreichen die Kneipe, die nur wenige Meter breit ist, aber dafür vier Stockwerke besitzt. Wir gehen ganz nach oben. Die Stimmung ist ausgesprochen ausgelassen. Und plötzlich ist mir all die Unzulänglichkeit des bisherigen Abends egal. Wir bestellen Bier, dänisches *Tuborg*, und beginnen uns der Musik des DJs hinzugeben. Plötzlich sehe ich Boris. Der liebenswerte Mazedonier, der ganz zu Beginn meiner Istanbuler Zeit noch in unserem Haus gewohnt hat, feiert heute auch hier. Wir wechseln ein paar Worte. Von jetzt auf gleich fühle ich mich doch ein bisschen angekommen. Wir trinken noch mehr Tuborg und beginnen zu tanzen. Wir grölen türkische Pop-Hits mit, obwohl wir kein Wort verstehen. Willkommen, 2011!

*„Zuviel Vertrauen ist häufig eine Dummheit,
zuviel Mißtrauen ist immer ein Unglück."*
– Johann Nepomuk Nestroy

Ismet

Ich lief wie so oft abends die İstiklal entlang, um ein bisschen frische Luft zu schnappen und einen klaren Kopf zu kriegen. Als ich zuhause aufgebrochen war, hatte es nach Regen geklungen, so dass ich meinen Schirm mitgenommen hatte. Wie sich herausstellte, kamen die Geräusche aber lediglich von der kaputten Wasserleitung unseres Nachbarhauses.

So schlenderte ich mit dem Schirm unter dem Arm entlang der bunten Geschäfte, bis mir der Schirm herunterfiel. Ich bückte mich danach und in diesem Moment sprach mich von der Seite ein Mann auf Türkisch an. Ich drehte mich um und blickte auf einen Türken mit Hut, spiegelnder Brille und langem Mantel. Ich verstand nicht, was er wollte, und hob den Schirm auf. Er fragte mich, woher ich komme. Das verstand ich.
Ich antwortete: „Aus Deutschland."
Augenblicklich wechselte er in ein perfektes Deutsch: „Du hast mich nicht verstanden, mmh? Ich habe gesagt, lass den Schirm liegen. Er kostet ja nichts."
Er lächelte.
Recht hatte er, die durchsichtigen Klapperschirme kosteten fünf Lira und sobald für gewöhnlich irgendwo der erste Tropfen gefallen war, tauchten an allen Straßenecken Schirmverkäufer auf. Mein Mitbewohner Yanık sagte mir mal, dass es in seinem türkischen Freundeskreis wilde Spekulationen gäbe,

welche Gegenstände die Schirmverkäufer bei trockenem Wetter anbieten würden.

Ich war über das nahezu perfekte Deutsch überrascht, aber angesichts des Erscheinungsbildes des Mannes auch skeptisch. Schließlich ergänzte der Fremde: „Ich habe heute Morgen auch überlegt, meinen Schirm mitzunehmen. Aber dann habe ich den Fixstern dort drüben gesehen“, er deutete auf einen Stern am Himmel und ergänzte, „da wusste ich, es würde trocken bleiben.“
Wieder lächelte er und der erste Bann war gebrochen.
Ich war neugierig geworden. Der Mann stellte sich mir als Ismet vor. So kamen wir ins Gespräch, mitten auf der İstiklal, während sich unaufhörlich die Menschenmengen an uns vorbeischoben. Elf Jahre lang hatte Ismet in Deutschland gelebt und unter anderem in Hannover Germanistik studiert. Das erklärte sein gutes Deutsch, aber ich fragte mich und schließlich ihn, womit er aktuell sein Geld verdiene.
„Ich arbeite freiberuflich als Übersetzer“, antwortete er.

Ich wollte mehr von Ismet erfahren, er schien ein gebildeter Mann zu sein, der sich eloquent ausdrücken konnte. Es kam schließlich nicht tagtäglich vor, die Chance auf ein Gespräch mit einem Türken zu haben – auf Deutsch wohlgemerkt. Wir beschlossen, einen Çay trinken zu gehen. Während wir die İstiklal hoch liefen, überlegte ich allerdings, dass mich irgendetwas an Ismet störte. Ich konnte es nicht wirklich benennen, wahrscheinlich war es das wenig überzeugende Erscheinungsbild, das so gar nichts von einem Übersetzer hatte. Wie ein gemachter Mann sah Ismet, den ich auf 50 schätzte, jedenfalls nicht aus. Mir kam in den Sinn, dass freiberuflicher Übersetzer in der Türkei wohl eher mit Gelegenheitsarbeiter gleichzusetzen ist, und so fragte ich ihn, wie die Auftragslage sei.

„Du hast den wunden Punkt getroffen“, antwortete Ismet, „nicht gut. Die Aufträge kommen erst wieder ab Februar, wenn die Messen los gehen.“

In der Kneipe angekommen trank ich einen Çay, während sich mein neuer Freund einen *Rakı* bestellte. Der klare Anis-Schnaps wird mit Wasser getrunken und nimmt dabei eine trübe Färbung an. Über das Gefälle nachzudenken zwischen den gläubigen Muslimen, die Alkohol strikt ablehnen, und der Realität in Beyoğlu, wo sich Nacht für Nacht junge Türken um den Verstand trinken, kam mir in diesem Moment nicht in den Sinn. Zwar hat man auch in Istanbul das Gefühl, dass allein durch den hohen Preis des Alkohols wesentlich weniger Betrunkene in den Straßen unterwegs sind – außerdem funktioniert hier die familiäre Kontrolle noch besser –, dennoch gibt es wahrscheinlich genau so viele Gewohnheitstrinker in Istanbul wie in einer deutschen Großstadt.

Unser Gespräch entwickelte sich. Ich gab Ismet meine Einschätzung der Monate in der Türkei und er erklärte, warum einige Dinge anders liefen als in Europa – nicht, ohne auch Kritik daran zu äußern. Ich erzählte von meiner Unzufriedenheit an der Universität. Daraufhin sprach Ismet von einem teilweise militärischen Drill im Bildungssystem. Zumindest an meiner Uni war die Disziplin weit entfernt von einem solchen Drill, aber zu eigenständigen kritischen Bürgern wurden die Studenten ganz sicher nicht erzogen. Je länger das Gespräch andauerte, desto mehr wurde auch klar, dass Ismet in puncto seiner finanziellen Situation deutlich untertrieben hatte. Er stand vor großen Engpässen, da in der letzten Zeit seine einzige Einkommensquelle in unregelmäßigem Türkischunterricht bestanden hatte.

Mir erschien es als vorteilhaft für beide Seiten, wenn ich auch ein wenig Unterricht bei Ismet nehmen würde und ihm im Gegenzug mit etwas Geld unter die Arme greifen könnte. Zeit hatte er derzeit offensichtlich genug. Wir vereinbarten einen ersten Termin ein paar Tage später.

Ich wollte gerade aufbrechen, da offenbarte mir der Mann, den ich bis vor einer Stunde noch gar nicht gekannt hatte, wie dramatisch seine finanzielle Situation wirklich sei. Er habe einen Mietrückstand und müsse diesen umgehend zahlen, sonst würde er sein tolles Zimmer verlieren. Er fragte mich, ob ich ihm nicht einen Vorschuss gewähren könne. Ich grübelte. Vor mir lag die schwierige Entscheidung, einem sympathischen Mann zu helfen, der aber offensichtlich alles andere als auf sicheren Beinen stand. Wie weit konnte ich ihm vertrauen? Mir schien die Situation zu zufällig, als dass ich dahinter eine Masche erkennen konnte und so gab ich Ismet schließlich 100 Lira im Voraus. Wenig Geld war dies für mich auch nicht, aber ich versprach mir schließlich mit meinem mäßigen Türkisch ein bisschen weiterzukommen. Er bedankte sich vielmals bei mir und ich brach auf.

Zuhause war ich dann nicht mehr ganz sicher, ob es die richtige Entscheidung gewesen war. Ich rekapitulierte die Situation und kam zu dem Schluss, dass die Begegnung doch etwas sonderbar war. Ich sagte mir auf der anderen Seite, dass der Verlust der 100 Lira ärgerlich sein würde, dass ich deshalb aber noch lange nicht zu hungern bräuchte. Ich hatte keine Ahnung, ob ich den sonderbaren Mann wiedersehen würde. Immerhin hatten wir die Handynummern ausgetauscht.

Es war Ismet, der bereits am nächsten Abend von meiner Nummer Gebrauch machte. Er rief mich an, ob wir uns nicht treffen könnten. Er bräuchte noch „lächerliche“ 60 Lira, er habe zwar den Mietrückstand gezahlt, nun erwarte der Vermieter aber die aktuelle Miete. Er könne sonst nicht in sein Zimmer zurück, wisse nicht wohin und wolle nicht auf der Straße schlafen. Ich stutzte. Die Version am Vorabend hatte anders geklungen. Ich sagte ihm, wir würden uns Freitag treffen und bevor ich keinen Unterricht gehabt hatte, würde ich überhaupt nichts entscheiden. Schließlich hatte ich ihm bereits im Voraus geholfen und ihm damit einen Vertrauensvorschuss gewährt. Ismet hakte noch ein paar mal nach, aber ich ließ mich nicht erweichen. Natürlich appellierte die Vorstellung, wie er die Nächte durch Istanbul strolchte, an mein Gewissen, aber ich sagte mir, dass meine Hilfsbereitschaft auch Grenzen hatte. Immerhin war ich Student und kein Millionär.

Es kam der Freitag und es kam auch Ismet. Er sagte, es täte ihm leid, dass er mich noch einmal um Geld hätte bitten müssen, und er hoffe, dass dies keine negative Auswirkung auf unser Verhältnis habe. Ich verneinte.
Wir begannen mit dem Unterricht. Seine Methoden waren unkonventionell, aber nicht schlecht. Ich hatte tatsächlich Spaß an den Streitgesprächen auf Türkisch und seinen Erklärungen zur türkischen Sprache. Wie das Mal zuvor bestellte sich Ismet einen Rakı – „auf den Stress der letzten Tage“. Diesmal war es allerdings erst 14 Uhr. Dabei rauchte er Zigarette um Zigarette. Deshalb saßen wir auch draußen, obwohl die Temperatur deutlich im einstelligen Bereich war. Energetisch völlig unsinnig scheint Beyoğlu im Winter zu einem einzigen riesigen Heizpilz zu werden, jede Kneipe hat unzählige Elektroheizungen im Freien hängen, die Unmengen an Strom fressen. Wohl erst seit dem Rauchverbot in geschlossenen Räumen ist

dies so exzessiv geworden. Tatsächlich hängen viele Türken an ihrem Glimmstengel und bei den Preisen ab 4,50 Lira für eine Schachtel – und sicherlich noch weniger über zwielichtige Kanäle – können sich die Tabakwaren sogar jene leisten, die eigentlich nichts haben.

Am Ende unseres Unterrichts hatte ich das Gefühl, eine halbe Packung passiv geraucht zu haben, aber auch um einiges besser in meiner neuen Sprache geworden zu sein.

Wieder kam Ismet auf das Geld zu sprechen. Er meinte, ich könne mir nicht vorstellen, wie viel ihm die 60 Lira weiterhelfen würden. Ich zögerte. Insgesamt 160 Lira waren auch für mich viel Geld. Natürlich wusste ich, dass ich mir Einzelunterricht eigentlich nicht leisten konnte. Ismet war zeitlich flexibel, er hatte ja nichts zu tun. Ich konnte nicht wirklich erkennen, was er für ein Interesse hatte, mich zu betrügen.

„Okay, Ismet", sagte ich schließlich, „aber bitte enttäusch mich nicht." Dennoch hatte ich ein ungutes Gefühl.

Doch wieder strafte mich der zwielichtige Mann Lügen, als er beim nächsten Treffen wie vereinbart auftauchte. Er bestellte Rakı. Inzwischen war ich mir sicher, dass der Mann nicht nur ein Geld- sondern auch ein Alkoholproblem hatte. Er gab sich dennoch Mühe. Wir führten wieder ein türkisches Streitgespräch. Er gab vor, ein Hotelier zu sein, und ich nahm die Rolle eines Autofahrers ein, dessen Wagen kaputt gegangen sei. Mitsamt meiner imaginären weiblichen Begleitung musste ich mich nun auf Türkisch um ein Zimmer bemühen – was aber nach Aussage von Ismet in der Türkei nicht möglich ist, denn Männer und Frauen dürfen nur zusammen in einem Hotel einchecken, wenn sie verheiratet sind. Danach korrigierte er einen Text von mir und beantwortete Grammatikfragen. Das Kon-

zept Unterricht gegen Schnaps – denn natürlich zahlte ich den
– erschien mir sehr merkwürdig, aber ich fand mich damit ab.

Und dann kam die dritte und letzte Stunde. Ismet sagte, er habe
einen Übersetzungsauftrag in Bursa in Aussicht und er müsse
sich 40 Lira für den Bus leihen. Unter der Bedingung, dass
er mir das Geld beim nächsten Unterricht wiedergeben müsse,
lieh ich ihm das Geld.

Ein paar Tage später traf ich mich mit ihm an üblicher Stelle,
aber er sagte, der Auftrag habe sich in letzter Sekunde zerschla-
gen, und er habe zurück trampen müssen. Das Geld könne er
mir auch erst am nächsten Tag geben. Zum Unterricht sei er
nicht mehr zu gebrauchen, er sei völlig durch den Wind. Ich
blickte ihn nur mitleidig an. Wie immer fragte ich mich, wie
viel von den Geschichten Ismets einen wahren Kern hatte und
wie viel er dazu gedichtet hatte. Wie ein Häufchen Elend saß er
vor dem Heizstrahler des Lokals und ich überlegte einen Moment, ihm zum Trost einen Rakı zu bestellen. Ich verwarf den
Gedanken, schließlich hatte ich schon genug investiert in seine
Märchen.

Das war das letzte Mal, dass ich Ismet sah.

Am nächsten Tag tauchte er nicht auf, ich bekam auch die 40
Lira für den Bus nicht zurück. So hatte ich also mehr oder min-
der 200 Lira in den Sand gesetzt. Für mich blieb der Trost,
dass sie ihm gewiss in der ein oder anderen Hinsicht geholfen
hatten.
Ich dagegen hatte zwar Geld verloren, aber eine Erkenntnis
gewonnen: Beyoğlu ist ein Sammelbecken, und mitunter ist
schwer zu unterscheiden zwischen ehrlich und unehrlich. Ne-

ben großer türkischer Gastfreundschaft findet man hier auch jene, die in erster Linie ihren eigenen Vorteil sehen. -- Vielleicht gar nicht in böser Absicht.

Dinner mit Duygu

„*Gelecek istasyon: Darüşşafaka* – next station: Darüşşafaka", säuselt die elektronische Stimme aus den Lautsprechern der Metro-Linie 2. Ich blicke auf eine Tafel mit dem Linienverlauf an der Decke der Bahn: Die Station mit dem merkwürdigen Namen ist nicht nur die nächste, sondern bis auf Weiteres auch die letzte. Doch schon in Kürze wird die U-Bahn noch weiter aus dem Zentrum hinausfahren, dann, wenn das Teilstück nach *Haciosman* eröffnet ist.

Alex und ich steigen aus. Durch endlos lange, steril wirkende Schächte begeben wir uns an die Oberfläche.
„Ich finde, die Station sieht nicht schlecht aus", sagt Alex, während wir auf einer Rolltreppe stehen. „Hier, das ist doch modern." Er deutet auf ein paar längliche Applikationen an den weiß gekachelten Wänden.
„Ich weiß nicht", entgegne ich. In meinen Augen ist die Station vor allem eines: zweckmäßig. Sie hat den Charme eines Krankenhauses.

Wir verlassen die Station von Darüşşafaka und treten in die kalte Dunkelheit. Der Atem tanzt vor unseren Gesichtern. Die Temperaturen kratzen am Gefrierpunkt.
Duygu holt Alex und mich mit ihrem *Polo* ab. Wir steigen ein. Schwungvoll setzt sie den tiefschwarzen VW in Gang. Die

Türen verriegeln sich automatisch. Wir fahren durch einfache, aber dicht bebaute Wohngebiete, die sich über die Hügel spannen. Duygu fährt schnell, besonders in den Kurven.

„Duygu!", kommt leicht erschrocken vom Rücksitz.

Wohl fühle ich mich auch nicht bei ihrer Fahrweise, aber ich muss schmunzeln: Verblüffend, dass Alex und Duygu immer noch zusammen sind. Zwei Monate sind es jetzt fast. Ich habe den beiden vielleicht zwei Wochen gegeben. Eine temperamentvolle Türkin und ein undurchsichtiger Deutschrusse – eine explosive Mischung. Aber so sehr ich Alex inzwischen in mein Herz geschlossen habe, so sehr mag ich auch Duygu. Sie ist ein durch und durch herzlicher Mensch, dazu hoch gebildet und mit beiden Beinen im Leben. Sie arbeitet für eine internationale Steuerkanzlei, überlegt aber, der freien Wirtschaft den Rücken zu kehren und eine akademische Laufbahn einzuschlagen.

Ich mag Duygu. Aber ihren Fahrstil sollte sie überdenken. In einer uneinsehbaren Kurve hupt sie einfach – und drückt aufs Gas.

Leicht verschwitzt erreichen wir nach einigen Minuten die kleine Straße, in der Duygu wohnt. Sie lässt uns heraus, ehe sie einparkt. Das Gefälle der Straße ist hier abenteuerlich.

Wir betreten das kleine Haus, in dem Duygus Wohnung liegt. Es ist umgeben von vielen anderen Häusern, die Grundstücke sind winzig. Dafür ist das Appartement geräumig. Der Anblick der drei großen Zimmer treibt mir die Tränen in die Augen. Wieder einmal habe ich das Gefühl, dass Alex und ich mit der Ayhan-Işık-Straße die große Niete gezogen haben in der Istanbuler Wohnungslotterie.

Ich schaue mich um, während Duygu noch einen Plausch mit der Nachbarin im zweiten Stock hält. Wohn- und Schlafzimmer haben etwas von deutscher Gemütlichkeit, das Gästezimmer ist mit allerlei Kram zugestellt. Auf der ausziehbaren Couch werde ich schlafen.

Duygu beginnt den Tisch für das Abendessen zu decken. Alex und ich setzen uns. Das Essen ist der eigentlich Anlass für unsere Zusammenkunft. Duygu serviert eine Art Gulasch mit Kartoffeln. Wir lassen uns nicht lange bitten. Das Essen schmeckt vorzüglich. Englische und türkische Sprachfetzen flattern durch den Raum.

Ich denke zurück an Deutschland, wo ich mir ein Orient-Kochbuch angesehen habe. Darin waren ausführlich die Gepflogenheiten der Menschen im Nahen Osten in Bezug auf ihre Mahlzeiten beschrieben. Von endlosen Menü-Folgen war darin die Rede. Und davon, dass man als Gast immer im Auge der Gastgeber sei: Lege man sein Besteck zur Seite, so sei der jeweilige Gang auch für alle anderen beendet. Ach ja, und den Kindern müsse man auf jeden Fall ein Geschenk mitbringen.

Nun, wie ich die Sache überblicke, gibt es hier keine Kinder. Und auch keine anderen türkischen Traditionen. Es fühlt an wie ein ganz normales Essen in ganz normaler Umgebung. Duygu und Alex trinken Wein. Zum Nachtisch gibt es Tiramisu.

Es sind wohl die jungen Türkinnen und Türken wie Yanık und Duygu, die mich viele Klischees haben über Bord werfen lassen. Aufgeklärte, selbstbestimmte Menschen, die Alkohol trinken, Sex haben und jenes in ihrem Land kritisieren, was auch bei uns Deutschen auf Unverständnis stößt. Gerade sie sind es aber auch, die bestimmte Dinge – wie gewisse Traditionen – erklären können, die danach für uns gar nicht mehr merkwürdig erscheinen. Und ganz ehrlich: Deutschen Schützenvereine dürften auf Auswärtige auch nicht gerade einladend wirken.

Ungebetene Gäste

Ich begann gerade, mich daran zu gewöhnen, in einer türlosen Nische zu leben, da tat sich ein weiteres Problem auf. Auf dem blauen Filzteppich hatte sich eine Flohplage breit gemacht. In dem Bodenbelag fanden die Flöhe einen idealen Lebensraum vor, und ich wunderte mich die ersten Nächte nur, wo denn die ganzen Mücken herkamen. Mückenstiche und Flohbisse auseinanderzuhalten ist wahrlich keine einfache Aufgabe. Das Problem ist, dass Flöhe im Gegensatz zu Mücken fast unsichtbar sind und keinerlei Geräusche machen. So kann man eigentlich nur staubsaugen, fortlaufend seine Kleidung wechseln und hoffen, dass es nach einigen Tagen besser wird.

So dürfte es nicht zu sehr verwundern, dass ich die letzten Wochen, die Tage, manchmal sogar die Stunden zählte. Zumindest in puncto meines Wohnkomforts konnte ich es nicht erwarten, nach Deutschland zurückzukommen. Das hing auch damit zusammen, dass die Zahl an Menschen, die in unserer Wohnung verkehrten, wieder zweistellig geworden war. Ramazan beherbergte tagsüber einen Freund, der Nacht für Nacht durch irgendwelche Bars gezogen sein musste, weil er pünktlich um 10 Uhr morgens stramm in die Wohnung torkelte und dann bis in die späten Nachmittagsstunden in Ramazans Bett ausnüchterte. Er hatte die merkwürdige Angewohnheit nach dem Aufstehen – also, wenn es bereits wieder dunkel geworden war – eine

Orange aufzuschneiden und sich deren Schale zwischen die Zähne zu stecken. Ich glaube, er wollte damit seinen Atem verbessern. Ich fand jedenfalls ständig Orangen in unserer Küche vor, denen nichts als die Schale fehlte.

Yanık hatte kapituliert und war ausgezogen, dafür bewohnte sein Zimmer nun eine Türkin mit ihrem Freund. Ich hatte Besuch, Alex hatte Besuch, und alles war schrecklich unübersichtlich. Vor allem Yanık fehlte mir. Zumindest der Yanık, den ich in meiner Anfangszeit kennengelernt hatte. Mit dem ich zu IKEA gefahren war, der so großartige Witze machen konnte. Doch von jenem Yanık war am Ende nicht mehr viel zu sehen gewesen. Meistens verschanzte sich der junge Mann vor seinem Auszug in seiner Arbeit, mit uns sprach er kaum mehr als das Nötigste. Ein Freund mehr, der verloren gegangen war.

Nachdem meine Uni seit Längerem beendet war – ich hatte sämtliche Prüfungen abgelegt -, versuchte ich mehr oder weniger systematisch gegen meine Langeweile vorzugehen. Dabei spielte ich im Wechsel Dart und lernte türkische Vokabeln. Beides mit mäßigem Erfolg. Die Luft war raus. Zumindest machte das Dart-Spielen mehr Spaß.

„Es kommt nicht in Frage,
um Gnade und Mitleid zu betteln.
Das türkische Volk und seine kommenden
Generationen sollten das niemals
vergessen. "
– Mustafa Kemal Atatürk

Maßstäbe

„Die Türkei ist ein armes Land", sagte Duygu und blickte mich scharf an. Wir saßen zusammen mit Alex und meinem Bruder, der kurz vor Ende meines Aufenthalts zu Besuch gekommen war, bei unserem Stamm-*Dürümcü* hinter der İstiklal, und ich hatte ihr zum wiederholten Male von jener Methode erzählt, mit der Touristen reihenweise um einige Lira erleichtert werden: Vermeintliche Schuhputzer laufen einige Meter vor ahnungslosen Ausländern und verlieren – so scheint es – ihre Bürste. Von dem hilfsbereiten Touristen wird nun erwartet, dass er die Bürste aufhebt und sie dem Schuhputzer zurückgibt. Der Schuhputzer tut daraufhin überrascht und dankbar. Als kleines Dankeschön beginnt er, dem Finder die Schuhe zu putzen. Obwohl der Tourist davon ausgeht, nichts zahlen zu müssen, wird er hinterher zur Kasse gebeten – und wer will schon gerne mit einem böswilligen Schuhputzer diskutieren...?

Ich hatte von der Masche ganz am Anfang meiner Istanbuler Zeit gehört und mittlerweile mehrfach miterlebt, wie ahnungslose Passanten in ihrem Urlaub auf diese Art und Weise aufs Kreuz gelegt werden sollten. Nun ging es nicht um Unsummen und die paar Lira taten den Geprellten sicherlich nicht weh,

aber die unredliche Art der vermeintlichen Schuhputzer fand
ich verwerflich.

Duygu hielt mir vor, dass ich das Ganze viel zu sehr aus einer
moralischen Perspektive sah. Ich solle daran denken, dass die
Menschen wenig hätten und dass für sie am Ende des Tages nur
zähle, etwas zu Essen zu haben.

Natürlich lässt sich in Istanbul an vielen Stellen erahnen, dass
Armut in der Türkei kein seltenes Phänomen ist: Behinderte
werden regelrecht abgerichtet, Geld zu erbetteln. Unzählige
Leute verkaufen nichts als Taschentücher – ein Akt, der sie
vom verpönten Betteln lossprechen soll. Aber mit welcher
Inbrunst die Mendilci versuchen, ihre Papiertücher gegen ein
wenig Bargeld loszuwerden, ließ mich auch hier Verzweiflung
spüren. Kleine Kinder werden auf die İstiklal geschickt, um
spät abends in der Kälte zu musizieren, verschleierte Frauen
liegen im Sommer wie im Winter auf Gehwegen und halten
ihre Babys flehend im Arm. Männer mit offenen Wunden win-
den sich in den Zugängen zu den U-Bahnhöfen. Jeder bettelt
auf seine Weise.

Diese extremen Formen der Armut hatte ich in Deutschland nie
erlebt. Ich kam für mich sogar zu dem Schluss, dass es gemes-
sen an der Türkei in Deutschland überhaupt keine Armut gibt.
Natürlich gibt es große soziale Unterschiede, aber selbst wer
nicht arbeitet, kommt – unterstützt durch den Staat – irgendwie über die Runden. In der Türkei hingegen liegt die soziale
Sicherung in der Familie. Nicht selten versorgt ein gut verdie-
nendes Familienmitglied die Angehörigen mit.

Die Armut machte mir vor allem zu schaffen, weil ich direkt
daneben das andere Extrem wahrnahm. In Stadtteilen wie *Be-
bek*, *Istinye* oder *Nisantaşı* sah ich zahllose Luxusautos vor teu-

ren Restaurants, und das, obwohl Autos in der Türkei aufgrund
sehr hoher Steuern noch um einiges teurer sind als in Deutschland. Die Anwesen, in denen die Menschen dort lebten, und die
unzähligen Yachten ließen auf extremen Wohlstand schließen.
Offensichtlich haben die, die es in der Türkei zu etwas gebracht
haben, auch das Bedürfnis, dieses Etwas zu zeigen. Ich gewann
den Eindruck, dass Statussymbole viel verbreiteter sind als in
Deutschland. Erdem, der Pianist, erzählte mir in Sakarya, dass
die Menschen lieber hungern würden, als auf ein iPhone verzichten zu müssen.

Mir war klar, dass soziale Unterschiede in einer Metropole viel
stärker sichtbar werden als auf dem Land. Die wohlhabenden
Viertel machen schließlich bezogen auf die gesamte Türkei nur
einen Bruchteil aus. Wer Geld hat, der lebt in Istanbul. Einen
solchen Zentrismus kennt die Bundesrepublik nicht. Dennoch
fiel es mir schwer, bei solch partiellem Wohlstand die Türkei
als ein „armes Land" anzusehen.

Nun hatte ich persönlich weder mit den ganz Armen noch mit
den ganz Reichen zu tun. Aber nachdem ich anfangs das Gefühl hatte, ungeachtet meines finanziellen Statuses in der Türkei als Mensch Willkommen geheißen zu werden, bekam ich
mit zunehmender Zeit den Eindruck, für bestimmte Menschen
einfach als potentielle Geldquelle angesehen zu werden. In Verbindung mit der Sprachbarriere machte mich dies zunehmend
unsicherer, wem ich in der Öffentlichkeit vertrauen konnte.

Eines dieser Schlüsselerlebnisse hatte ich auf dem Rückweg
von einer ausgedehnten Foto-Tour. Ich lief die İstiklal hinunter, als mich plötzlich von der Seite ein Mann mit Base-Cap
ansprach. Hautfarbe und Akzent ließen auf die USA schließen.
Er erklärte: „Entschuldigung, ich bin gerade ausgeraubt wor-

den. Ich komme aus den USA. Können Sie mir helfen?" Ich musterte ihn. Zu seiner Rechten hatte er einen kleinen Jungen an der Hand. Er fuhr fort: „Ich war bei der Polizei, aber man hat mir nicht geholfen, weil ich Jude bin. Ich brauche eine Telefonkarte."

Ich war etwas verwundert, hatte aber von Anfang an den Rat bekommen, der türkischen Polizei nicht zu vertrauen. Außerdem fragte ich mich, welches Motiv ein Amerikaner hätte, nach Istanbul zu kommen, außer geschäftlich oder für einen Urlaub. Er würde wohl kaum hier sein, um Leute abzuzocken. Ich suchte in meinem Portemonnaie nach ein paar Münzen und drückte ihm schließlich fünf Lira in die Hand.

Auch wenn ich nicht wusste, wie weit ihm das helfen würde, wandte ich mich zum Gehen und sagte: „Wenn Sie noch ein paar andere Leute finden, haben sie das Geld für die Telefonkarte bald zusammen."

Überrascht war ich, als ich denselben Mann zehn Tage später am Fuße der Galatabrücke entdeckte. Ich war kurz vor ihm, da sprach er mich an. Ich hatte meine Kopfhörer im Ohr, so dass ich ihn nicht verstand, aber mir war sofort klar, dass es dieselbe Masche war – nur an einem anderen Ort. Wortlos ging ich an dem Abzocker vorbei und blickte ihn böse an. Bis heute frage ich mich, was einen Amerikaner dazu treibt, in Istanbul zu betteln – und vor allem wundere ich mich, woher er das Kind an seiner Seite hatte.

Dieses Beispiel zeigte mir, wie gewieft Betrüger sein können, und dass man sich niemals die Frage nach einem Motiv stellen darf. Wo es Geld zu holen gibt – und sei es noch so unlauter – da finden sich ein paar Gewissenlose, die es sich abholen.
Natürlich wird umfangreich gewarnt; Gerade in den touristischen Gebieten solle man skeptisch sein. Männer, die syste-

matisch Ausländer ansprechen, weil sie diesen ein gutes Lokal empfehlen – und den Geneppten schließlich völlig überhöhte Rechnungen präsentiert werden – haben sogar ihren Weg in Reiseführer wie den *Lonely Planet* gefunden. Aber gerade in einer generell gastfreundlichen und ehrlichen Gesellschaft wie der Türkischen ist es schwer zu unterscheiden zwischen echter Hilfsbereitschaft und weniger guten Absichten.

Und so konnte ich Duygu nicht wirklich etwas entgegnen.

Der letzte Tag

Am 14. Februar 2011 erreicht mein persönliches Vakuum seinen Maximalzustand. Es ist Valentinstag. Und es ist mein letzter kompletter Tag in der Türkei.

Alex und ich lungern im Wohnzimmer unserer Wohnung herum und frickeln uninspiriert an unseren Laptops. Aus den billigen Lautsprechern, die schon im Battle mit unseren Nachbarn versagt haben, säuselt zum 150. Mal *The Suburbs* von *Arcade Fire*. Die inoffizielle Türkei-Hymne der Ayhan-Işık will nicht mehr zünden. Sie fühlt sich merkwürdig ausgelutscht an.
Ich warte. Worauf, das weiß ich nicht so genau. Klar ist nur: In 24 Stunden wird etwas Undefinierbares zu Ende gehen. Ein Abschnitt, ein Zustand wird mit meinem Abflug aus der Türkei vorbei sein. Etwas Neues wird kommen, aber ob dieses Neue gleichzusetzen sein wird mit etwas Gutem, da habe ich noch so meine Zweifel. Auf jeden Fall bin ich froh, dass ich nun einen Strich unter meine Zeit in der Türkei ziehen kann.

Das Ende hat seinen Anfang mit Clara genommen. Viel zu früh. Seit unserem unglücklichen Intermezzo im Istanbuler Herbst ist vieles dumpf geworden. Wieder und wieder wandern meine Gedanken zu meiner ehemals besten Freundin in der Türkei. Wenige Wochen zuvor bin ich ihr noch einmal begegnet. In einem unserer Cafés, einer wunderbaren Dachbar, von wo aus wir in besseren Tagen gemeinsam die funkelnden Lichter der Istanbuler Nächte betrachteten und wo die Möwen über uns kreisten. Ich habe sie gar nicht gesehen, im Halbdunkel jenes Abends. Aber der Hinweis eines Freundes, dass einige deutsche Mädels ebenfalls hier seien, hatte ein unbestimmtes Gefühl in mir ausgelöst. Eine Kälte. Und so war ich froh gewesen, als wir das Café verlassen hatten.

Einige Tage später fand ich in meinem Postfach eine E-Mail von Clara vor. Sie fragte mich darin, weswegen ich mich an jenem Abend in dem Café so merkwürdig verhalte habe und sie nicht begrüßt habe. Außerdem schlug sie mir ein Treffen vor, um die Dinge aufzuarbeiten.

Doch ich hatte keine Ahnung, was ein solches Treffen bringen sollte. Es würde nur alte Wunden aufreißen, und das schrieb ich ihr auch.

In Kombination mit den Karrieristen meiner Uni und dem ewigen Lärm Istanbuls hatte ich mich nach Clara seltsam leer und aufgewühlt fühlt, und so verharrte ich nun seit drei Monaten in einem Wartezustand.

Während meine Gedanken wieder einmal systematisch um meine Zeit in der Türkei zu kreisen beginnen, fangen Alex und ich eine Partie Tavla an. Wir haben wahrscheinlich besser spielen als Türkisch gelernt. Alex hat einmal vom „Eintrittstor in den Orient“ gesprochen, und das ist beim Anblick der grauhaarigen

Herren in den abgewetzten Anzügen, die Tag und Nacht über
den Tavlabrettern der Beyoğluer Gässchen hängen, ein schöner
Vergleich. Auch Alex und ich haben die Züge inzwischen so
verinnerlicht, dass sich die Steine fast von selbst ziehen.
Nur nicht heute. Das Spiel stockt. Ich bin gedanklich weit weg.
Wer hier gewinnt, ist sowieso egal. Ist es vormals noch um die
Ehre und die tiefgründige Analyse der Spielzüge gegangen, so
sind Alex und ich inzwischen an einem Punkt angekommen,
an dem nur noch ein einziger Wurf über Sieg und Niederlage
entscheidet. Ein bisschen wie im echten Leben.

Ich denke an die Plätze, von denen ich mich in den letzten Wochen verabschiedet habe. Bei *Halil* in Kadıköy habe ich meinen
letzten *Lahmacun* gegessen. Im Van Frühstückshaus habe ich
zum letzten Mal mit der Bedienung geflachst. Er auf Deutsch,
ich auf Türkisch. Am Bosporus sind Alex und ich zusammen
gewesen; nach einem Spaziergang durch das einst so stolze
Geschäftsviertel *Karaköy*. Heruntergekommene Kaufhäuser
lassen dort den europäischen Reichtum des frühen 20. Jahrhunderts erahnen. Die Gischt hat an jenem kalten Februartag
eisig an die Hafenmauer gepeitscht.

Unvermittelt reißt mich Alex aus meiner Melancholie.
„Komm, lass uns noch mal rausgehen“, legt er mir nahe.
„Ach ich weiß nicht. Ich hab zu nichts mehr Lust. Ich warte
nur noch.“
Doch Alex hat seine Entscheidung getroffen – und meine
gleich mit. Er hat recht. Ich könnte mir auch einen Stempel mit
der Aufschrift *dauerlethargisch* aufdrücken.

Und so machen wir uns auf den Weg. Mir gibt der Spaziergang
die Chance, ein paar übriggebliebene Münzen umzutauschen,

immerhin rund 20 Euro. Vieler Worte bedarf es Alex' und meiner nicht auf der langen İstiklal. Es scheint alles gesagt worden zu sein. Alles wirkt hier so vertraut. Und doch fühle ich mich, als sei ich niemals wirklich angekommen im Herzen der Stadt. Die Wege von meinem Mitbewohner und mir werden sich in Kürze erst einmal trennen. Er wird auch am darauffolgenden Morgen in Istanbul aufwachen, während ich irgendwo im grauen Deutschland untertauchen werde: mitsamt all der Spießigkeit, Sicherheit, Langeweile, Genauigkeit.

Ich denke zurück an die wenigen Menschen, die mir nach Clara in Istanbul noch etwas bedeutet haben. Sie sind fast alle fort.

Sie haben auch einen letzten Tag gehabt. Mit Roos aus Holland bin ich in Eminönü gewesen. Wir haben uns auf winzigen Hockern niedergelassen und einen Çay nach dem anderen getrunken. Dabei haben wir uns gegenseitig unsere Herzen ausgeschüttet und ein bisschen in die Zukunft hinein gedacht. Dann haben sich unsere Wege getrennt.
Mit Annalisa und Sonja vom Sprachkurs bin ich eher förmlich etwas Essen gegangen.
Kurz darauf habe ich Annalisa noch einmal getroffen, aber viel hat es nicht mehr zu sagen gegeben. Sie wird noch ein halbes Jahr bleiben und ihre Türkei-Erfahrung hat mit ihrer frischen Beziehung zu einem Türken eine ganz andere Wendung genommen als meine.
Bea und ich haben zum Abschied in der kleinen *Laterne* gesessen und unsere Istanbul-Zeit Revue passieren lassen.

All diese Begegnungen haben für mich etwas von „Jetzt geht es langsam zu Ende". Doch jedes Mal bin ich es gewesen, der am nächsten Morgen in Istanbul aufgewacht ist. Ein bisschen muss es so sein, am Ende seines Lebens wieder und wieder seine Freunde zu Grabe zu tragen und als einziger übrig zu bleiben.

Am Taksim-Platz nehmen Alex und ich Kurs auf die *Garanti*-Bank.

191

Danksagung

Mein Dank gilt allen, die mich bei der Entstehung dieses Buch unterstützt haben – in welcher Form auch immer.
Besonders möchte ich Tabea Schulze, Marielle Pohlmann, Karen Brüning und meine Mutter, Regina Mattern-Karth, hervorheben. Sie haben großen Anteil daran, dass ich den Faden – und den Mut – im Laufe des Prozesses nicht verloren habe, sondern jenes Buch entstehen konnte, das Sie in Händen halten.

An dieser Stelle möchte ich Sie auch darum bitte, mir Ihr Feedback zukommen zu lassen. Ein paar Zeilen genügen schon (und sind unbezahlbar): mischakarth@web.de.

Istanbul / Varel / Potsdam, November 2010 – Oktober 2011.
Berlin, Januar 2013

Mischa Karth